'25年版
就職試験
これだけ覚える
適性検査
スピード解法

成美堂出版

本書で扱う適性検査について

●適性検査を攻略して就活成功を目指せ！

本書では、現在就職試験で使われている代表的な適性検査を取り上げ、問題を可能なかぎり再現している。決められた時間内に1つでも多く正解できるよう、練習して慣れておこう。

SPI3

大手企業で最も多く使われている適性検査がSPI3だ。リクルートマネジメントソリューションズが提供している。

いくつかの種類があるが、どれにも「性格検査」があり、「能力検査」として「非言語能力」と「言語能力」を測定するため、基礎的な数学と国語の問題が出題される。新卒大学生用でよく使われるものは次のような構成になっている。

	ペーパーテスティング		テストセンター
①非言語能力検査（数学）	30問	40分	約35分
②言語能力検査（国語）	40問	30分	
③性格検査		約40分	約30分

SPI3にはテストセンター方式（→P96）、インハウスCBT（採用企業のパソコンで受検）、Webテスト（WEBテスティング）もあり、実施形態は多様である。

CAB・GAB

紙ベースではSPIに次いでよく使われる。CABはIT業界、GABは商社や証券業界をはじめ、幅広く使われている。

日本エス・エイチ・エル（SHL社）が提供しており、本書は紙ベースより難度の高いWebCABのレベルに対応している。

CABの構成	①暗算・四則演算	50問	10分
	②法則性	40問	15分
	③命令表	50問	20分
	④暗号	39問	20分
	⑤パーソナリティ（性格検査）	68問	約30分

GABの構成	①言語	52問	25分
	②計数	40問	35分
	③パーソナリティ（性格検査）	68問	約30分

なお、CAB、GABにはテストセンター方式もある（C-CAB、C-GAB plus）。

※本書ではCAB・GABの性格検査は割愛した。

※C-GAB plusにある英語理解については、P156のWebテスト（玉手箱）の英語と同じものが出題されるので、そちらを参照のこと。

Webテスト（玉手箱、WEBテスティング）

パソコンを使ってWeb上で受ける適性検査。最も多く使われているのが、SHL社の「玉手箱」だ。「玉手箱」は「知的能力」と「パーソナリティ（性格検査）」で構成されている。本書では「知的能力」を取り上げるが、次のような検査がある。

①計数（四則逆算、表計算、図表推計）
②言語
③英語

※言語ではGABと同じ形式の問題も出されるのでGABを参照（P138）。英語については一部のみ紹介している。

リクルートマネジメントソリューションズの「WEBテスティング」もよく使われる。能力検査の構成はSPI3のテストセンター方式と同じで、類似した問題も出されるが、WEBテスティング特有の問題もある。また、テストセンター方式のSPIが原則選択式問題であるのと違って、解答を空欄に記入する問題が多いのも特徴だ。

本書の使い方

目標にしたい「解答時間」
問題を解くためのめやすの時間。「例題」は解答時間に含まれない。

これだけ覚える！
限られた時間で1問でも多く解くため、スピード解法のヒントを紹介。

より実力を身につける練習問題
SPI3やWebテストでは「例題」を掲載しているものもある。肩ならしをしながら、設問パターンがつかめる。

実際のテストを再現
最新の出題傾向を反映し、設問パターンや難易度も実際のテストに限りなく近づけた。

集まりの中で、どの集まりに属するのかを考える

集合

これだけ覚える！
① 必ずベン図を作成して考えることが大事
② ベン図の重なっているところに注目！

例題 ある企業で150人を対象に調査を行ったところ、次のような結果となった。
・温泉旅行に行きたい 128人
・スキー旅行に行きたい 75人
「どちらも行きたい」に該当する人が63人のとき、「どちらも行きたくない」に該当する人は何人いるか。

A 3人　B 4人　C 5人　D 6人
E 7人　F 8人　G 9人　H 10人

解答と解説
ベン図を作成する。
150−(128+75−63)
＝10人

正解：H

---

1 ある30人のクラスで、趣味についてのアンケートを行った。その結果、ゲームが好きな人は15人、読書が好きな人は12人、どちらも好きではない人は9人だった。ゲームも読書も好きな人は何人か。

A 6人　B 7人　C 8人　D 9人　E 10人

32

SPI3では「重要度」を表示
　A 非常によく出題される
　B よく出題される
　C まあまあよく出題される

CAB・GAB、Webテストでは「難易度」を表示
　A 正解して当然
　B やや難しい
　C かなり難しい

2 ある職場で50人にアンケートを行ったところ、次のようなことがわかった。

質問事項	回答	
定期購読している新聞がある	はい	42人
	いいえ	8人
定期購読している雑誌がある	はい	17人
	いいえ	33人

新聞および雑誌についてどちらも「はい」と答えた人が16人いた。どちらも「いいえ」と答えた人は何人いたか。

A 7人　B 8人　C 9人　D 10人
E 11人　F 12人　G 13人　H 14人

SPI3 非言語能力検査●集合

解答と解説

1 正解：A
まずは、ベン図を作成する。

(15+12+9)−30
=6人

答えを隠せる赤シート付き
付属の赤シートを解答の部分にかぶせて、トライ。自分の実力を確認しよう。

2 正解：A
問題1と同様、ベン図を作成する。

50−(42+17−16)
=7人

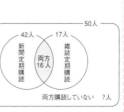

33

C O N T E N T S

本書で扱う適性検査について……………………………………… 2
本書の使い方……………………………………………………… 4

PART 1　SPI3

非言語能力検査　　10

分割払い……………………………………………… 10
料金の割引…………………………………………… 12
仕事算………………………………………………… 14
割合…………………………………………………… 16
売買損益……………………………………………… 18
速さ・時間・距離 …………………………………… 20
表計算………………………………………………… 24
集合…………………………………………………… 32
推論…………………………………………………… 36
ブラックボックス…………………………………… 46
グラフの領域………………………………………… 48
条件と領域…………………………………………… 50
順列・組合わせ……………………………………… 52
確率…………………………………………………… 56
料金の貸し借り……………………………………… 60
物の流れと比率……………………………………… 62

言語能力検査　　64

2語の関係（6択） ………………………………… 64
2語の関係（5択） ………………………………… 66
同じ意味の語………………………………………… 68
熟語…………………………………………………… 72
文章の並べ替え……………………………………… 74

空欄補充……………………………………………… 76
長文読解……………………………………………… 80

性格検査 84

性格検査のポイント………………………………… 84
行動的側面（社会的内向性）……………………… 86
意欲的側面（達成意欲）…………………………… 88
情緒的側面（敏感性）……………………………… 90
社会関係的側面（全般）…………………………… 92

構造的把握力検査 94

COLUMN テストセンターとは ……………………… 96

PART 2 CAB・GAB

CAB 98

暗算・四則演算……………………………………… 98
法則性…………………………………………………102
命令表…………………………………………………110
暗号……………………………………………………120

GAB 128

計数……………………………………………………128
言語……………………………………………………138

7

PART 3 Webテスト

玉手箱

計数　　　142

四則逆算……………………………………142
図表の読み取り……………………………146
図表推計……………………………………152

英語　　　156

言語　　　160

WEBテスティング

非言語能力検査　　　162

割合…………………………………………162
数表…………………………………………164
推理…………………………………………166
順列・組合わせ……………………………172
確率…………………………………………174
その他の計算問題…………………………176

言語能力検査　　　184

文章の並べ替え……………………………184
熟語の成り立ち……………………………186
3文の完成 …………………………………188
文・単語の挿入……………………………190

＊本書の情報は原則として2023年3月1日現在のものです。

PART 1
SPI3

非言語能力検査 　　10

分割払い…………	10	推論…………………	36
料金の割引…………	12	ブラックボックス…	46
仕事算……………	14	グラフの領域………	48
割合…………………	16	条件と領域…………	50
売買損益…………	18	順列・組合わせ……	52
速さ・時間・距離…	20	確率…………………	56
表計算……………	24	料金の貸し借り……	60
集合………………	32	物の流れと比率……	62

言語能力検査 　　64

2語の関係（6択）…	64	文章の並べ替え……	74
2語の関係（5択）…	66	空欄補充…………	76
同じ意味の語………	68	長文読解…………	80
熟語………………	72		

性格検査 　　84

性格検査のポイント…	84	情緒的側面…………	90
行動的側面…………	86	社会関係的側面……	92
意欲的側面…………	88		

構造的把握力検査 　　94

分数などを使って分割払いの金額を計算する

分割払い

全体を1として考える　$1 = \frac{1}{a} + \frac{1}{b} + \frac{1}{c} + \cdots\cdots$

例題　ある商品を5回の分割払いで購入した。1回目に全体の $\frac{1}{3}$、2回目に残りの $\frac{1}{4}$ を支払った。

①2回目の支払いは、全体のどれだけを支払ったことになるか。

A $\frac{1}{12}$　B $\frac{1}{6}$　C $\frac{1}{2}$　D $\frac{2}{3}$　E $\frac{3}{4}$　F $\frac{4}{5}$

②最終（5回目）の支払いを全体の $\frac{1}{10}$ にするには、3、4回目の合計額を全体のどれだけにすればよいか。

A $\frac{1}{12}$　B $\frac{1}{10}$　C $\frac{2}{5}$　D $\frac{9}{20}$　E $\frac{3}{4}$　F $\frac{5}{6}$

解答と解説

① 1回目に $\frac{1}{3}$ の支払いだから、その時点で残りは $\frac{2}{3}$ である。

2回目はその $\frac{1}{4}$ の支払いだから、$\frac{2}{3} \times \frac{1}{4} = \frac{1}{6}$

正解：**B**

② 2回目終了時点で $\frac{1}{3} + \frac{1}{6} = \frac{1}{2}$（50%）だから、3、4回

目の支払いを x として計算式を立てると、

$\frac{1}{2} - x = \frac{1}{10}$　　　$x = \frac{1}{2} - \frac{1}{10}$

$x = \frac{4}{10} = \frac{2}{5}$

正解：**C**

1 ある人が車を購入する際、契約時に購入額の $\frac{1}{5}$ を支払い、残金は16回の均等払いにすることにした（手数料、利息は考えないこととする）。次の問いに答えなさい。

（1）均等払いの1回あたりの金額は、購入額のどれだけにあたるか。

A $\frac{1}{40}$　　B $\frac{1}{32}$　　C $\frac{1}{20}$　　D $\frac{1}{18}$

E $\frac{1}{16}$　　F $\frac{3}{40}$　　G $\frac{3}{20}$　　H $\frac{1}{6}$

（2）均等払いを何回終えた時点で、残金が購入額の半分になるか。

A 3回　　B 4回　　C 5回　　D 6回

E 7回　　F 8回　　G 9回　　H 10回

解答と解説

1（1）正解：**C**

まず均等払いにする残金を計算する。

購入額から契約時の支払い額を差し引いて、$1 - \frac{1}{5} = \frac{4}{5}$

その残金 $\frac{4}{5}$ を16で割る。$\frac{4}{5} \div 16 = \frac{4}{5} \times \frac{1}{16} = \frac{1}{20}$

（2）正解：**D**

均等払いの回数を x として、残金が半分になるのは、

$\frac{1}{5} + \frac{1}{20} \times x = \frac{1}{2}$

$\frac{1}{20} x = \frac{5-2}{10} = \frac{3}{10}$　　$x = \frac{3 \times 20}{10}$　　$x = 6$回

団体割引など、割引がある場合の料金を計算する

料金の割引

 割引料金＝通常料金×（1－割引率）

例題

ある動物園では通常の入園料が1,000円のところ、100名超分は1割引きになる。120名での総額はいくらか。

A 120,000円　B 180,000円　C 108,000円
D 118,000円　E 112,000円　F 117,000円

解答と解説

通常料金分　100名×1,000円＝100,000円
割引料金分
（120名－100名）×1,000円×（1－0.1）＝18,000円
割引対象者は101名～120名の20名なので、全体から100名を引くことに注意する（たとえば、割引対象者が300名超の場合には、301名からカウントするため、全体から300名を引くことになる）。
総額　100,000円＋18,000円＝ 118,000円
正解：D

 ある青果店では男爵いもとメークインを次のように販売している。3kgを超えて購入すると、3kgを超える分は10kgまでが10％引きになり、10kgを超える分は20％引きになる。

（1）100g50円の男爵いもを7kg購入すると総額はいくらか。

A 2,400円
B 2,860円
C 3,000円
D 3,300円
E 24,000円
F 28,600円
G 30,000円
H 33,000円
I 37,600円

（2）100g40円のメークインを20kg購入すると総額はいくらか。

A 4,760円
B 5,840円
C 6,000円
D 6,920円
E 47,600円
F 58,400円
G 60,000円
H 69,200円
I 70,000円

解答と解説

1 （1）正解：D

①3kgまでの計算　$50円 \times \dfrac{3,000g}{100g} = 1,500円$

②3kg超7kgまでの計算

$50円 \times 0.9 \times \dfrac{4,000g}{100g} = 1,800円$

③総額は1,500円＋1,800円＝3,300円

（2）正解：D

①3kgまでの計算　$40円 \times \dfrac{3,000g}{100g} = 1,200円$

②3kg超10kgまで（7kg分）の計算

$40円 \times 0.9 \times \dfrac{7,000g}{100g} = 2,520円$

③10kg超（残り10kg分）の計算

$40円 \times 0.8 \times \dfrac{10,000g}{100g} = 3,200円$

④総額は1,200円＋2,520円＋3,200円＝6,920円

各人の1日の仕事量などから仕事の全体量や仕事日数を求める

仕事算

基本の考え方を覚えておこう
全体の仕事量を1としたとき
① 1日（時間）の仕事量
$= \dfrac{1}{全体の仕事日数（時間）}$
② 全体の仕事日数（時間）
$= \dfrac{1}{1日（時間）の仕事量}$
③ 複数人で仕事をした時の全体の仕事日数（時間）
$= \dfrac{1}{各人1日（時間）の仕事量の和}$

1 ある会社で決算に際して、倉庫Aの商品の棚卸を月曜日から金曜日の5日間ですることになった。月曜日に全体の $\dfrac{1}{7}$、火曜日に全体の $\dfrac{1}{4}$ を行った。

（1）残りの3日間を同じ割合で行い、棚卸を終了させたい。その場合、1日あたり全体のどれだけずつ行えばよいか。

A $\dfrac{1}{14}$　　B $\dfrac{11}{84}$　　C $\dfrac{17}{84}$　　D $\dfrac{13}{42}$

E $\dfrac{17}{42}$　　F $\dfrac{11}{28}$　　G $\dfrac{17}{28}$　　H $\dfrac{25}{28}$

（2）（1）の条件に加え、水曜日の仕事として、残りの $\dfrac{1}{17}$ と同じ量の倉庫Bの棚卸が追加された。水曜日の仕事量は月曜日の仕事量の何倍か。

A $\dfrac{1}{3}$倍　　**B** $\dfrac{5}{12}$倍　　**C** $\dfrac{3}{5}$倍　　**D** $\dfrac{5}{7}$倍

E $\dfrac{5}{3}$倍　　**F** $\dfrac{7}{5}$倍　　**G** 2倍　　**H** $\dfrac{8}{3}$倍

SPI3

非言語能力検査 ● 仕事算

解答と解説

1（1）正解：**C**

月曜日と火曜日で行った仕事量は

$$\frac{1}{7}+\frac{1}{4}=\frac{4+7}{28}=\frac{11}{28}$$

残りの仕事量は

$$1-\frac{11}{28}=\frac{17}{28}$$

それを3日間均等にする。

$$\frac{17}{28}\times\frac{1}{3}=\frac{17}{84}$$

（2）正解：**E**

追加された仕事は残りの仕事量の$\dfrac{1}{17}$にあたる。

（1）の$\dfrac{17}{28}$に$\dfrac{1}{17}$をかけて求める。

$$\frac{17}{28}\times\frac{1}{17}=\frac{1}{28}$$

水曜日の仕事量は$\dfrac{17}{84}+\dfrac{1}{28}=\dfrac{20}{84}=\dfrac{5}{21}$

月曜日の仕事量$\dfrac{1}{7}$に対する割合は

$$\frac{5}{21}\div\frac{1}{7}=\frac{5}{21}\times\frac{7}{1}=\frac{5}{3}倍$$

15

分数やパーセントなどを使って解く

割合

これだけ覚える! 問題文に2種類の割合（%や分数式）が出題された場合、それらを縦・横にボックス型の図にする

例題 ある本を、1日目に全体の $\frac{1}{4}$、2日目に残りの $\frac{2}{3}$、3日目に25ページを読み、すべてを読み終えた。

①2日目に読んだページ数は全体の何%か。
A 10%　B 20%　C 25%　D 33.3%
E 50%　F 57%　G 57.5%　H 62%

②本は全部で何ページか。
A 75　B 100　C 125　D 150
E 175　F 185　G 200　H 215

解答と解説

①1日目に $\frac{1}{4}$ 読み、その時点での残りは $\frac{3}{4}$ である。その $\frac{2}{3}$ を2日目に読んだのだから、

$$\frac{3}{4} \times \frac{2}{3} = \frac{1}{2} = 50\%$$

正解：E

②2日目終了時点での残りは $1 - \frac{1}{4} - \frac{1}{2} = \frac{1}{4}$ である。その $\frac{1}{4}$ が25ページにあたるのだから、全体のページ数を x とすると、

$$\frac{1}{4}x = 25 \quad x = 25 \times 4 = 100ページ$$

正解：B

ある大学では、学生全体の60%が自宅から通学しており、自宅通学の学生の男女の比率は3：5だった。

(1) 自宅通学の男子学生数は270人だった。大学全体の学生数は何人か。

A 850人　B 875人　C 900人　D 925人
E 980人　F 1050人　G 1200人　H 1500人

(2) 自宅外通学の学生のうち70%が男子だった。女子学生全体のうち自宅外通学の割合は何%か。なお、必要なときは、最後に小数第2位を四捨五入すること。

A 16.2%　B 18.5%　C 20.5%　D 22.2%
E 24.2%　F 25.5%　G 28.4%　H 30.2%

解答と解説

1 (1) 正解：G

自宅通学 60%	自宅外通学 40%
男子 3 (270人)	男子70%
女子 5	女子30%

問題文を図にする。

自宅通学の男女の比率は
3：5だから、3＋5＝8

自宅通学の $\frac{3}{8}$ が男子、$\frac{5}{8}$ が女子となる。

学生全体の人数を x として計算式を立てる。

$x \times 0.6 \times \frac{3}{8} = 270$　　$x \times \frac{6}{10} \times \frac{3}{8} = 270$

$\frac{9}{40}x = 270$　　$x = 270 \times \frac{40}{9} = 1200$人

(2) 正解：E

自宅外通学は 1200×0.4＝480人

自宅外通学の女子学生数は 480×0.3＝144人

自宅通学の女子学生数は $1200 \times 0.6 \times \frac{5}{8} = 450$人

（1200×0.6－270＝450人でもよい）

女子学生全体のうちの自宅外通学の割合を求めるので、

$\frac{144}{144+450} = 0.2424 \rightarrow 24.24\%$

小数第2位を四捨五入して、24.2%

定価、売価、割引などを利用して利益計算する

売買損益

これだけ覚える!
① 原価×(1＋見込む利益の割合)＝定価
② 定価÷(1＋見込む利益の割合)＝原価
③ 定価×(1－割引率)＝売価
④ 売価－原価＝利益

原価3000円の商品に40％の利益を上乗せして定価をつけたが、売れなかったので定価の15％引きで販売した。最終利益はいくらか。

A 450円　B 570円　C 750円　D 870円
E 1200円　F 1280円　G 1320円　H 1380円

解答と解説
3000円×(1＋0.4)＝4200円（定価）
4200円×(1－0.15)＝3570円（売価）
3570円－3000円＝570円

正解：B

---

1 ある商品の原価の5割増しで定価をつけ販売していたが、売れなかったので定価の2割引きで販売した。

(1) 最終的にその売価は原価の何％増しで売ったことになるか。

A 5%　B 10%　C 17%　D 20%
E 22%　F 24%　G 27%　H 30%

(2) (1)の売価で全商品の $\dfrac{2}{5}$ を販売し、残りを原価の1割5分増しで販売し、全体で6800円の利益が出た。この商品の全体の原価はいくらか。

A 15000円	**B** 20000円	**C** 30000円
D 40000円	**E** 45000円	**F** 46500円
G 47500円	**H** 48000円	

2 **ある商品を定価18000円の2割引きで売ったら、原価の44%の利益が出た。この商品の原価はいくらか。**

A 6800円	**B** 8000円	**C** 8600円
D 9800円	**E** 10000円	**F** 10500円
G 10800円	**H** 12000円	

解答と解説

1 (1) **正解：D**

原価をxとして考えると、定価は $x \times (1 + 0.5)$

売価は、$x \times 1.5 \times (1 - 0.2) = 1.2x$

原価の1.2倍 よって20%増し

(2) **正解：D**

原価の合計をx円として、方程式を立てると

6800（利益）$= \dfrac{2}{5}x \times 0.2 + \dfrac{3}{5}x \times 0.15$ になり、分数

式と小数になるため、小数を分数に直して計算する。

$6800 = \dfrac{2}{5}x \times \dfrac{2}{10} + \dfrac{3}{5}x \times \dfrac{15}{100}$

$6800 = \dfrac{4}{50}x + \dfrac{9}{100}x$

$6800 = \dfrac{8}{100}x + \dfrac{9}{100}x \qquad 6800 = \dfrac{17}{100}x$

$x = 6800 \times \dfrac{100}{17} \qquad x = 40000$円

2 **正解：E**

原価をx円とする。$x \times (1 + 0.44) = 18000 \times (1 - 0.2)$

$1.44x = 14400$ よって、$x = 10000$円

速さ、時間、距離について公式を利用して求める

速さ・時間・距離

① 速さ＝距離÷時間
② 時間＝距離÷速さ
③ 距離＝速さ×時間

例題 28kmの道のりを毎分250mの速さで自転車で走ると、何時間何分かかるか。

A 1時間10分　　B 1時間12分　　C 1時間29分
D 1時間38分　　E 1時間52分　　F 1時間57分

解答と解説

距離は28km＝28000m、速さは250m／分なので、

$$時間 = \frac{距離}{速さ} = \frac{28000m}{250m/分} = 112分 = 1時間52分$$

正解：E

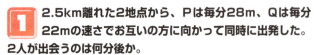

---

1 2.5km離れた2地点から、Pは毎分28m、Qは毎分22mの速さでお互いの方に向かって同時に出発した。2人が出会うのは何分後か。

A 15分後　　B 30分後　　C 40分後
D 50分後　　E 80分後　　F 90分後

---

2 P地点からドライブにでかけた。途中、Q地点で10分休憩して、目的のR地点に到着。それぞれの地点の発着時刻は右のとおりである。

P地点	発	10：40
Q地点	着	11：10
	発	11：20
R地点	着	12：35

20

（1）　PとQの間を平均時速60kmで走った場合PQ間の距離は何kmか。

A　25km　　**B**　30km　　**C**　32.5km　　**D**　35km

E　40km　　**F**　45km　　**G**　47.5km　　**H**　50km

I　55km　　**J**　57.7km

（2）　QR間の距離は100kmある。QR間を平均時速何kmで走ったことになるか。

A　40km　　**B**　42.5km　**C**　47.5km　**D**　50km

E　52.5km　**F**　60km　　**G**　75km　　**H**　80km

I　85km　　**J**　95km

解答と解説

1 正解：**D**

PとQの距離は1分間に28＋22＝50m近づくため、距離2.5km＝2500m、速さ50m／分とすると

$$\frac{2500}{50}=50 \text{（分後）}$$

2（1）正解：**B**

P地点からQ地点までにかかった時間

11：10－10：40＝30分→0.5時間

基本公式（距離＝速さ×時間）に数値を入れ、

60×0.5＝30（km）

（2）正解：**H**

Q地点からR地点までにかかった時間

12：35－11：20＝1時間15分→$1\frac{1}{4}$→$\frac{5}{4}$時間

基本公式（速さ＝距離÷時間）に数値を入れ、

$$100÷\frac{5}{4}=100×\frac{4}{5}=80 \text{（km/時間）}$$

速さ・時間・距離

J駅とM駅間のX電車（各駅停車）とY電車（快速）の時刻表は以下のとおりである。

駅名	J駅からの距離（km）	X電車	Y電車
J駅	0	7：15	7：00
K駅	18	6：57	↓通過
L駅	31	6：45	↓通過
M駅	［ア］	6：30	7：［イ］

(1) X電車はL駅～K駅間を平均時速何kmで走っているか。
A 25km　B 50km　C 52.5km　D 55km
E 60km　F 60.75km　G 65km　H 70km
I 75.5km　J 77.7km

(2) X電車はM駅～L駅間を平均時速80kmで走っている。上記空欄［ア］に入る数値はどれか。
A 20　B 30　C 38　D 40　E 48
F 51　G 55　H 60　I 65　J 85

(3) Y電車はJ駅～M駅間を平均時速85kmで走っている。上記空欄［イ］に入る数値はどれか。
A 20　B 26　C 30　D 33　E 36
F 40　G 43　H 45　I 50　J 52

(4) X電車がK駅を定刻に出発し平均時速で走ると、Y電車とK駅～J駅間の中央で先頭がすれ違う。Y電車はそこまで平均時速何kmで走っているか。
A 60km　B 70km　C 80km　D 90km
E 100km　F 105km　G 110km　H 115km
I 120km　J 125km

解答と解説

3 (1) 正解：**G**

L駅～K駅間の距離　31－18＝13（km）

L駅～K駅間の時間

6：57－6：45＝12（分）→0.2（時間）

基本公式（速さ＝距離÷時間）に数値を入れ、

13÷0.2＝65（km/時間）

(2) 正解：**F**

M駅～L駅間の時間

6：45－6：30＝15（分）→0.25（時間）

基本公式（距離＝速さ×時間）に数値を入れ、

80×0.25＝20（km）

[ア] はJ駅からの距離なので、31＋20＝51（km）

(3) 正解：**E**

基本公式（時間＝距離÷速さ）に数値を入れ、

51÷85＝0.6（時間）→36（分）

(4) 正解：**D**

X電車のK駅～J駅間の時間

7：15－6：57＝18（分）→0.3（時間）

基本公式（速さ＝距離÷時間）に数値を入れ、

X電車の平均時速　18÷0.3＝60（km/時間）

K駅～J駅間の中央9kmまでの時間は、

基本公式（時間＝距離÷速さ）から

9÷60＝0.15（時間）→9分

（6：57～7：15の所要時間18分の $\frac{1}{2}$ ＝9分でも可）

Y電車はJ駅をX電車より出発が3分遅い7時に出るため、

9km地点で6分（0.1時間）後にすれ違うことになる。

基本公式（速さ＝距離÷時間）に数値を入れ、

Y電車の平均時速　9÷0.1＝90（km/時間）

資料の内容を把握して表の数値を使い計算する

表計算

 表のデータをすばやく正確に把握し、問われている数値の**計算式**を考える

1 下の表はある会社の製品A、B、C、D（製品単価は同一）の月間生産量を工場ごとに％で集計したものである。

工場＼製品	A	B	C	D	計
北海道工場	20%		30%	ア	100%
東北工場	10%	20%	30%	40%	100%
近畿工場	25%	15%	50%	10%	100%
九州工場	45%	20%	0%	35%	100%

（1）北海道工場における製品Bは製品Cの4割減である。製品Dの割合であるアは何％か。

A 8%　　B 14%　　C 16%　　D 18%
E 28%　　F 32%　　G 41%　　H 54%
I 72%　　J すべて違う

（2）近畿工場の製品Aの生産額は4,000,000円である。近畿工場全体の生産額が会社全体の $\frac{2}{7}$ のとき、会社全体の生産額はいくらか。

A 3,200,000円　　B 3,600,000円
C 14,800,000円　　D 16,000,000円
E 32,000,000円　　F 48,000,000円
G 56,000,000円　　H 80,000,000円
I 96,000,000円　　J すべて違う

24

（3） 東北工場と九州工場の全体の生産量が3：4のとき、東北工場の製品Dは九州工場の製品Dの何%になるか（必要なときは、最後に小数第2位を四捨五入しなさい）。

A 33.45%　　**B** 35.84%　　**C** 51.35%

D 61.75%　　**E** 68.92%　　**F** 85.71%

G 88.57%　　**H** 116.67%　　**I** 127.77%

J すべて違う

解答と解説

1 (1) 正解：**F**

製品Bは、製品Cの4割(0.4)減のため、製品Bの生産量は30%×(1−0.4)＝18%　よって、製品Dの割合は、100−(20+18+30)＝32%

(2) 正解：**G**

近畿工場の製品Aは25%で生産額は4,000,000円。近畿工場全体の生産額は、

4,000,000円÷25%＝16,000,000円

近畿工場が会社全体の生産額の$\frac{2}{7}$であるので、

16,000,000円÷$\frac{2}{7}$＝56,000,000円

(3) 正解：**F**

東北工場全体の生産量は九州工場全体の生産量の$\frac{3}{4}$。仮に東北工場全体の生産量を300とすると九州工場全体の生産量は400となる。

東北工場の製品Dの生産量は、300×40%＝120

九州工場の製品Dの生産量は、400×35%＝140

$\frac{120}{140}$＝0.857142…

小数第2位を四捨五入して、85.71%

表計算

2 右下の表はあるクラス50名の英語と数学のテスト結果の相関表である。

		英語の得点					
		5点	6点	7点	8点	9点	10点
数学の得点	5点	1					
	6点	1	3		2		1
	7点			7	6	2	
	8点		1	3	6	1	
	9点			2	5	2	3
	10点			4			

(1) 英語と数学の合計得点で最頻値（最も人数が多い点数）は何点か。

A 10点　　B 12点
C 14点　　D 15点
E 16点　　F 17点

(2) 数学の得点が8点以上の学生の英語の平均点は何点か（必要なときは、最後に小数第2位未満を四捨五入しなさい）。

A 6.67　　B 7.23　　C 7.93　　D 8.03
E 8.17　　F 8.68　　G 8.93　　H 9.23

3 下の図において、例のように、右に1つ移動することを x、右に1つ上に1つ移動することを y、右に1つ上に2つ移動することを z で表すことにする。同じ方向に進む場合にはその回数を x、y、z の前につけて表し、逆方向に進むときには−（マイナス）をつける。

(1) 原点Oを出発点として $3x+2z-3y+z-x$ と移動すると最終到達点はどこか。

A 点a　　B 点b
C 点c　　D 点d
E 点e　　F 点f
G 点g　　H 点h
I 点i
J 点aから点iのいずれでもない

26

(2)（1）で点cから点iに移動する式で正しいのはどれか。

ア $-z-x+3y-2z-x$

イ $2x-5y+z-y+2x$

ウ $-x-z+2x-z$ 　　**エ** $-3y+z+3x-z$

A アだけ　　**B** イだけ　　**C** ウだけ　　**D** エだけ

E アとウ　　**F** イとウ　　**G** イとエ　　**H** ウとエ

解答と解説

2（1）**正解：E**

合計点		人数
10点		1人
11点		1人
12点		3人
14点	1+7+2=	10人
15点	3+6=	9人
16点	2+6+2+1=	11人
17点	4+5+1=	10人
18点		2人
19点		3人

よって、合計点の最頻値は16点である。

（2）**正解：C**

数学が8点以上の学生の英語の平均点は

$$\frac{6点×1人+7点×9人+8点×11人+9点×3人+10点×3人}{27人}=7.925\cdots$$

よって、7.93点

3（1）**正解：E**

順に、$3x$は右に3つ、$2z$は右に2つ上に4つ、$-3y$は左に3つ下に3つ、zは右に1つ上に2つ、$-x$は左に1つ移動する。

（2）**正解：F**

指示どおりに移動してみるとイとウが点iに到達する。

表計算

4 資料Ⅰはある遊園地の入園料の料金、資料Ⅱは宿泊セットの1泊・1人あたりの料金である。表中、上段が大人、下段が子供の料金である。また、資料Ⅰの駐車料金は上段が1日、下段が半日の料金である。

〈資料Ⅰ〉入園料

曜日	入園料（1日券）	入園料（半日券）	入園料＋乗り放題	駐車料金
平日	2,000円 1,200円	1,400円 900円	6,000円 4,000円	1台1,000円 500円
土日・祝日	3,000円 1,600円	2,200円 1,300円	7,800円 5,000円	1台1,200円 800円

〈資料Ⅱ〉宿泊セット

曜日	宿泊料（2人部屋）	宿泊料（4人部屋）
平日	8,000円 4,200円	6,600円 3,200円
土日・祝日	10,000円 6,000円	7,200円 x円

宿泊セットの場合は、資料Ⅰの入園料と「入園料＋乗り放題」は30％割引され、駐車料金は無料になる。

（1）**資料と一致するのは、次のア、イ、ウのうちどれか。**

ア 日曜日に車1台で、大人2人で、半日券で、駐車場を半日利用すると5,200円になる。

イ 平日に、大人2人、子供1人で、1日券で、駐車場を利用しない場合は5,200円になる。

ウ 祝日に車1台で、大人1人、子供1人で、「入園料＋乗り放題」で、駐車場を1日利用すると10,800円になる。

A アだけ　　**B** イだけ　　**C** ウだけ　　**D** アとイ
E アとウ　　**F** イとウ

（2）**資料と一致するのは、次のア、イ、ウのうちどれか。**

ア 平日に、大人1人、子供1人で、宿泊セット（2人部屋）を利用して、1日券を購入すると14,440円になる。

イ 日曜日に車1台で、大人2人で、「入園料＋乗り放題」で、宿泊セット（2人部屋）を利用すると32,120円になる。

ウ 平日に車1台で、大人1人は1日券、子供2人は「入園

料＋乗り放題」で、3人で宿泊セット（4人部屋）を利用すると20,000円になる。

A アだけ　　**B** イだけ　　**C** ウだけ　　**D** アとイ
E アとウ　　**F** イとウ

(3) 大人2人、子供2人で、宿泊セット（4人部屋）を利用して、半日券で入場したい。4人で平日に行った場合より、土曜日に行くほうが6,080円高くなるとすると、表中の x の料金はいくらか。

A 3,000円　　**B** 3,200円　　**C** 4,000円
D 4,800円　　**E** 5,000円　　**F** 5,000円

解答と解説

4 **(1) 正解：D**

ア　2,200円×2人＋800円＝5,200円→正しい
イ　2,000円×2人＋1,200円×1人＝5,200円→正しい
ウ　7,800円×1人＋5,000円×1人＋1,200円＝14,000円→誤り

(2) 正解：E

ア　（2,000円×1人＋1,200円×1人）×0.7＋8,000円＋4,200円＝14,440円→正しい
イ　（7,800円×2人）×0.7＋10,000円×2人＝30,920円→誤り
ウ　（2,000円×1人＋4,000円×2人）×0.7＋6,600円＋3,200円×2人＝20,000円→正しい

(3) 正解：D

平日　（1,400円×2人＋900円×2人）×0.7＋6,600円×2人＋3,200円×2人＝22,820円
土曜日　（2,200円×2人＋1,300円×2人）×0.7＋7,200円×2人＋ x 円×2人＝22,820円＋6,080円
4,900円＋14,400円＋2 x ＝28,900円　　x ＝4,800円

表計算

5 東京、名古屋、大阪を訪れた旅行者にアンケート調査を行い、利用した主な交通手段を1つだけ挙げてもらった。

表1は、都市ごとに、交通手段の割合を表したものである。
表2は、各都市の回答者数の、回答者全体に占める割合である。

〈表1〉

	東京	名古屋	大阪	全体
タクシー	60%		10%	41%
バス	20%		30%	[ア]
電車	10%	30%	40%	[イ]
その他	10%	10%	20%	13%
合計	100%	100%	100%	100%

〈表2〉

	東京	名古屋	大阪	全体
回答者の割合	50%	20%	30%	100%

(1) [ア] と [イ] の合計は何%か。

A 40%　B 41%　C 42%　D 43%
E 44%　F 45%　G 46%　H 47%
I 48%　J 49%

(2) 東京でタクシーを挙げた人は、回答者全体の何%を占めるか。

A 5%　B 10%　C 15%　D 20%
E 25%　F 30%　G 35%　H 40%
I 45%　J 50%

(3) 電車を挙げた人は、回答者全体の何%を占めるか。

A 18%　B 19%　C 20%　D 21%
E 22%　F 23%　G 24%　H 25%
I 26%　J 27%

(4) 名古屋でタクシーを挙げた人は、名古屋の回答者数の何 %を占めるか。

A 5% **B** 10% **C** 15% **D** 20%

E 25% **F** 30% **G** 35% **H** 40%

I 45% **J** 50%

解答と解説

5 **（1）正解：G**

表1より、100%−41%−13%=46%

（2）正解：F

表1より、東京でタクシーを挙げた人の割合は60%、表2 より、東京の回答者数は全体の50%だから

60%×50%=0.6×0.5=0.3=30%

（3）正解：F

東京で電車を挙げた人の、全体に対する割合は

10%×50%=0.1×0.5=0.05=5%

名古屋で電車を挙げた人の、全体に対する割合は

30%×20%=0.3×0.2=0.06=6%

大阪で電車を挙げた人の、全体に対する割合は

40%×30%=0.4×0.3=0.12=12%

よって、5%+6%+12%=23%

（4）正解：H

東京でタクシーを挙げた人の、全体に対する割合は（2）よ り30%

大阪でタクシーを挙げた人の、全体に対する割合は

10%×30%=0.1×0.3=0.03=3%

よって名古屋でタクシーを挙げた人の、全体に対する割合は

41−(30+3)=8（%）

名古屋の回答者数の割合は全体の20%だから

8%÷20%=0.08÷0.2=0.4=40%

集合

集まりの中で、どの集まりに属するのかを考える

① 必ずベン図を作成して考えることが大事
② ベン図の重なっているところに注目!

ある企業で150人を対象に調査を行ったところ、次のような結果となった。

- 温泉旅行に行きたい 128人
- スキー旅行に行きたい 75人

「どちらも行きたい」に該当する人が63人のとき、「どちらも行きたくない」に該当する人は何人いるか。

A 3人　B 4人　C 5人　D 6人
E 7人　F 8人　G 9人　H 10人

解答と解説

ベン図を作成する。
150－(128＋75－63)
＝10人

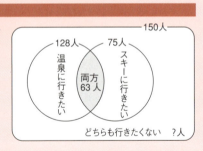

正解：H

---

1 ある30人のクラスで、趣味についてのアンケートを行った。その結果、ゲームが好きな人は15人、読書が好きな人は12人、どちらも好きではない人は9人だった。ゲームも読書も好きな人は何人か。

A 6人　B 7人　C 8人　D 9人　E 10人

ある職場で50人にアンケートを行ったところ、次のようなことがわかった。

質問事項	回答	
定期購読している新聞がある	はい	42人
	いいえ	8人
定期購読している雑誌がある	はい	17人
	いいえ	33人

新聞および雑誌についてどちらも「はい」と答えた人が16人いた。どちらも「いいえ」と答えた人は何人いたか。

A 7人 B 8人 C 9人 D 10人
E 11人 F 12人 G 13人 H 14人

解答と解説

1 正解：A

まずは、ベン図を作成する。

(15+12+9)−30
=6人

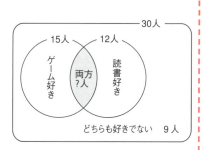

2 正解：A

問題1と同様、ベン図を作成する。

50−(42+17−16)
=7人

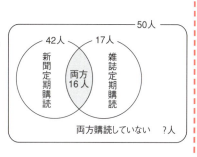

集合

サッカーチームを新たに作るためメンバーを募集したところ、40人が集まった。今まで経験のあるポジションを調査した結果は以下のとおりである。ただし、未経験者はいないものとする。

　ゴールキーパー　8人　　ディフェンダー　34人
　フォワード　20人
　そのうち、
　ゴールキーパーとディフェンダーの両方経験のある者　5人
　ディフェンダーとフォワードの両方経験のある者　　15人
　フォワードとゴールキーパーの両方経験のある者　　　3人

(1) フォワードのみ経験のある者は何人か。
　A　0人　　　B　1人　　　C　2人
　D　3人　　　E　4人　　　F　5人

(2) ゴールキーパーとディフェンダーの2つのポジションのみ経験のある者は何人か。
　A　2人　　　B　3人　　　C　4人
　D　5人　　　E　6人　　　F　7人

(3) 3つのポジションとも経験のある者は何人か。
　A　0人　　　B　1人　　　C　2人
　D　3人　　　E　4人　　　F　5人

解答と解説

3(1) 正解：**D**

ベン図を作成し、Cを計算する。

40−(8+34−5)
＝3人

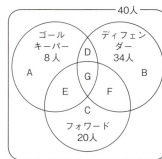

(2) 正解：**C**

(1) と同じ要領で、まずゴールキーパーのみ経験のある者であるAを計算する。

40−(34+20−15)
＝1（Aの人数）

ゴールキーパー経験者8人から、上で求めたゴールキーパーのみ経験のある者1人とＥＧ3人（問題文から）を引く。

8−1−3＝4人（Dの人数）

また、まずディフェンダーのみ経験のある者であるBを計算してもよい。

40−(20+8−3)＝15（Bの人数）

ディフェンダー経験者34人から、ディフェンダーのみ経験のある者15人とＧＦ15人（問題文から）を引く。

34−15−15＝4人（Dの人数）

(3) 正解：**B**

まずＥを求めるため、フォワード経験者20人からＧＦ15人（問題文から）とフォワードのみ経験のある者3人（(1)の解答から）を引く。

20−15−3＝2人（Eの人数）
ＥＧ（3人）−Ｅ（2人）＝1人（Gの人数）

(2) で求めたＤ4人を用いて、ＤＧ5人からＤ4人を引いてもよい。

複数の条件から確実にいえることを推理し、結果を導き出す

推論

① 勝敗表では裏（AはBに負けた＝BはAに勝った）を考慮
② 仮定して、矛盾を導き出す

 P、Q、R、S、Tの5チームがサッカーの総当たり戦を行った。Pが2勝2敗、Rが1勝3敗、Sが全敗であった。以上のことから確実にいえるのはどれか。

- **A** PはTに負けた
- **B** Qは1位だった
- **C** QはTに負けた
- **D** RはSに負けた
- **E** TとQは引き分けた

解答と解説

問題文より、対戦表を作成する。勝敗には必ず裏があることに注意すること（PはTに負けた＝TはPに勝った）。

	P	Q	R	S	T
P		×	○	○	×
Q	○			○	○
R	×	×		○	×
S	×	×	×		×
T	○		○	○	

正解：**A**

---

1 **P、Q、R、S、Tの5人が5階建てのマンションの各階に1人ずつ住んでいる。互いの位置関係について、次のことがわかっているとき確実にいえるのはどれか。**

① Qより上の階にSがいる。
② Sのすぐ上の階がRで、Sより下の階にTがいる。
③ Tのすぐ上の階にPがいる。

- **A** Pは2階
- **B** Qは3階
- **C** Rは2階
- **D** Sは4階
- **E** Tは1階

2

P、Q、R、S、Tの5人がスキー競技を終えたあと、次のような発言をした。このうち、本当のことをいっているのは1人であり、あとの4人は嘘をついている。1位はだれであったか。

P「僕が1位だ。」　　　Q「Tが1位です。」
R「僕が1位です。」　　S「Qは1位ではありません。」
T「僕は1位ではない。」

A　P　　B　Q　　C　R　　D　S　　E　T

解答と解説

1 正解：**D**

条件①②③より、右のような並びとなる。

次の2通りが考えられる。

2 正解：**B**

発言をもとに1位であれば○、1位でなければ×と記入し、表を作成する。

	P	Q	R	S	T
P	○				
Q					○
R			○		
S		×			
T					×

Tに関する発言が食い違っていることから、QかTどちらかが本当のことをいっているとわかるので、確認してみる。

・Qが本当のことをいっていると仮定すると……
　　Qの発言からTが1位となる。
　　Sは嘘をついているので、Sの発言からQが1位となる。
以上よりQが本当と仮定すると矛盾することがわかる。

・Tが本当のことをいっていると仮定すると……
　　他の者は全員嘘をついているので、Sの発言からQだけが1位と考えられる。本当のことをいっているのはTであることがわかる。

よって、1位はQである。

推論

3
下の図のようなaからeの5つの区画があり、それぞれO、P、Q、R、Sの5人が所有している。次の①～③のことがわかっているとき、aの区画はだれの所有か。

a	b	c
		d
		e

① Oの区画はSとは接しているがQとは接していない。
② Pの区画はRとSの2つの区画に接している。
③ QとRの区画は接していない。

A O所有　**B** P所有　**C** Q所有
D R所有　**E** S所有

4
ある小学校の先生が家庭訪問を行った。aからgまでの東西に一直線に並んでいる7つの家を訪問する予定だったが、1つは行けなかった。次の①～⑤のことがわかっているとき、訪問できなかった家として考えられるのはどれか。なお、一度訪れた家は再訪していない。

| a | b | c | d | e | f | g |

① 最初に訪問したのはeの家だった。
② 1軒目と2軒目に訪問した家の間に、1軒家があった。
③ 2軒目と3軒目に訪問した家の間に、2軒家があった。
④ 3軒目と4軒目に訪問した家は隣接していた。
⑤ 4軒目と5軒目、5軒目と6軒目に訪問した家の間に、それぞれ2軒家があった。

A a家　**B** b家　**C** c家　**D** d家
E e家　**F** f家　**G** g家

解答と解説

3 正解：**C**

条件②からPの区画は
2つに接しているcま
たはeで、bとdはR
またはSだとわかる。

		P
	RまたはS	RまたはS
		P

条件③からRはdと確定し（bはすべてに接している）、b
がSであることも確定する。また、aはQとわかる。

条件①のOの区画もc
またはeに入り合致す
る。

		OまたはP
Q	S	R
		OまたはP

4 正解：**B**

条件①によりeからスタートすると、条件②から、2軒目は
c（表内の色文字）とg（黒字）の2つのルートが考えられ
る。

条件③から、3軒目は、色文字のルートはcのあとにf、黒
字のルートはgのあとにdと決まる。

条件④から、4軒目は、色文字のルートはfのあとにeとg
が考えられるがeは1軒目なので矛盾するためgのみと決ま
り、黒字のルートも同様にcのみと決まる。

条件⑤から、5軒目は、色文字のルートはgのあとにd、黒
字のルートはcのあとにfと決まる。6軒目は、色文字のル
ートはdのあとにaと決まるが、黒字のルートはcが4軒目
だったので矛盾するため、色文字のルートが正しいことがわ
かる。よって、訪問していないのはbである。

a	b	c	d	e	f	g
				1(確定)		
		2				2
			3		3	
		4				4
			5		5	
6						

推論

5 ある事務所で切手を整理したところその内容は以下のとおりである。

ⅰ　63円切手と120円切手があった。
ⅱ　63円切手10枚と120円切手が12枚あった。
ⅲ　少なくとも2種類の切手があった。

次の推論ア、イ、ウのうち正しいのはどれか。

ア　ⅰが正しければ、ⅱも必ず正しい
イ　ⅱが正しければ、ⅲも必ず正しい
ウ　ⅲが正しければ、ⅰも必ず正しい

A　アだけ　　B　イだけ　　C　ウだけ　　D　アとイ
E　アとウ　　F　イとウ　　G　アイウのすべて

6 ある5人が試験を受けた。それぞれの点数をa、b、c、d、eとすると、次の①〜⑤のことがわかっている。

① 同点の者はいない。　② eはaとcの平均。
③ dはaとbの平均。　　④ cが最高点。
⑤ aとdの和は、bとcの和に等しい。

(1) ①、②、③、④の条件でわかる得点の高さの順位は、次のア、イ、ウのうちどれか。

ア　a＞e＞c　　イ　c＞e＞a　　ウ　b＞d＞a
A　アだけ　　B　イだけ　　C　ウだけ
D　アとウ　　E　どれもわからない

(2) ①、②、③、④、⑤の条件でわかる得点の高さの順位は、次のA、B、C、D、Eのうちどれか。

A　c＞e＞a＞d＞b　　B　c＞e＞b＞d＞a
C　c＞b＞e＞d＞a　　D　c＞b＞d＞e＞a
E　どれもわからない

解答と解説

5 正解：B

ⅰ、ⅱ、ⅲの詳しさに順位を付け解答していく。

ⅰ 切手の種類はわかっているが、その枚数までは不明
ⅱ 切手の種類・枚数までわかっている
ⅲ 切手の種類・枚数は不明

よって詳しさに順位を付けるとⅱ＞ⅰ＞ⅲになる。
図に示すと円の内側ほど内容が詳しくなっている。
その詳しさの順位から、より詳しい
ものから曖昧なものは正しいといえ
る（円の内から外）が、その逆（円
の外から内）はいえない。

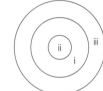

ⅱが正しければⅰ、ⅲは正しいといえる。ⅰが正しければⅲも正しい。
その逆でⅲは正しくとも、その種類・枚数が不明なため、ⅰ、ⅱは必ずしも正しいとはいえない。ⅰが正しくとも、その枚数が不明なためⅱは必ずしも正しいとはいえない。

6 (1) 正解：B

条件①と②によりa＞e＞cもしくはc＞e＞aのどちらか。
条件④によりc＞e＞aがわかる。
条件③によりa＞d＞bもしくはb＞d＞aのどちらか。ただし、aとbの得点の高低はわからないので、イだけになる。

(2) 正解：A

条件⑤によりa＋d＝b＋cが成り立つ。選択肢のB、C、Dはどれもb＋c＞a＋dとなり誤り。条件③のb＞d＞aは、条件④「cが最高点」と条件⑤からbは最低点となるため成り立たず、a＞d＞bだとわかる。問題（1）でc＞e＞aもわかっているので、選択肢のAのc＞e＞a＞d＞bがわかる。例えば、a＝50点、b＝10点、c＝70点、d＝30点、e＝60点のとき、条件はすべて満たされる。

推論

7 下の表はS、T、Uの3つの食塩水の濃度を示している。SとUは食塩水の重さが等しく、それぞれTの重さの$\frac{2}{3}$である。

食塩水	濃度
S	2%
T	4%
U	4%

(1) 次の推論ア、イの正誤を考えて適切なものを1つ選びなさい。

ア　SとUに含まれる食塩の重さはTの食塩の重さと等しい。

イ　S全部とT$\frac{2}{3}$を混ぜた濃度は3%である。

- **A** アもイも正しい
- **B** アは正しいが、イはどちらともいえない
- **C** アは正しいが、イは誤り
- **D** アはどちらともいえないが、イは正しい
- **E** アはどちらともいえないが、イは誤り
- **F** アもイもどちらともいえない
- **G** アは誤りであるが、イは正しい
- **H** アは誤りであるが、イはどちらともいえない
- **I** アもイも誤り

(2) 次の推論ア、イの正誤を考えて適切なものを1つ選びなさい。

ア　Tにその食塩水と同じ重さの水を入れるとSと同じ濃度になる。

イ　3つの食塩水を混ぜると濃度は3.5%を超える。

- **A** アもイも正しい
- **B** アは正しいが、イはどちらともいえない

C アは正しいが、イは誤り

D アはどちらともいえないが、イは正しい

E アはどちらともいえないが、イは誤り

F アもイもどちらともいえない

G アは誤りであるが、イは正しい

H アは誤りであるが、イはどちらともいえない

I アもイも誤り

解答と解説

7 （1）**正解：A**

まず、各食塩水の食塩の重さを考える。

各食塩水の重さは不明だが、SとUの重さはTの$\frac{2}{3}$だから、

仮にSとUの重さを200gとすると、Tは300gになる。

食塩水	食塩水の重さ(g)	濃度	食塩の重さ(g)
S	200	0.02	4
T	300	0.04	12
U	200	0.04	8

SとUの食塩の重さを計算すると、4+8＝12gとなり、Tの食塩の重さと同一になる。したがって、アは正しい。

次に、S全部とT$\frac{2}{3}$を混ぜた濃度を計算する。

$$\left(4+12\times\frac{2}{3}\right)\div\left(200+300\times\frac{2}{3}\right)=0.03\rightarrow3\%$$

したがって、イは正しい。

（2）**正解：C**

T300gに同じ重さの水300gを加えた濃度を計算する。

$$\frac{12}{300+300}=0.02\rightarrow2\%$$

Sと同じ濃度になる。したがって、アは正しい。

次に、3つの食塩水を混ぜたときの濃度を計算する。

$$\frac{4+12+8}{200+300+200}=0.0342\cdots\rightarrow3.42\%$$

3.5%は超えないので、イは誤り。

43

推論

 水泳の競争を2回行った。まず1回目はA～Fの6人で競争し、2回目はFを除いたA～Eの5人で競争した。

(1) 1回目はEが1位になり、同着はいなかった。さらに次の①～③のことがわかっているとき、Dの順位として考えられるすべてを選んでチェックを入れなさい。

① AはCより先にゴールし、両者の間に1人いた。
② Bより後にCがゴールした。
③ FはEの次にゴールした。

1位	2位	3位	4位	5位	6位

(2) 2回目の競争の結果から、次の④～⑥のことがわかっているとき、Dの順位として考えられるすべてを選んでチェックを入れなさい。ただし、1回目と同様に、2回目もやはり同着はいなかった。

④ BはAより先にゴールした。
⑤ CはDより先にゴールした。
⑥ EはBより後にゴールしたが、Aよりは1順位だけ早かった。

1位	2位	3位	4位	5位

解答と解説

8 **(1) 正解：3位、5位、6位**

問題文から1位がE、条件③から2位はFとすぐ確定する。
条件①から③を記号化すると、下のようになる。

①A＞[　]＞C（[　]は1人）

②B＞[　]＞C（[　]は、1位と2位のEとFを除いて、残りで考えると0～2人）

③E＞F

これらを組み合わせる（A＞[　]＞Cをひとかたまりと考えるとよい）。

1位　2位　3位　4位　5位　6位

E ＞ F ＞ B ＞ A ＞ **D** ＞ C

E ＞ F ＞ **D** ＞ A ＞ B ＞ C

E ＞ F ＞ A ＞ B ＞ C ＞ **D**

よって、3位、5位、6位が考えられる。

(2) 正解：2位、3位、5位

条件④から⑥を記号化すると、下のようになる。

④B＞[　]＞A（[　]は0～3人）

⑤C＞[　]＞D（[　]は0～3人）

⑥B＞[　]＞E＞A（[　]は0～2人）

これらを組み合わせる（E＞Aをひとかたまりと考え，B＞[　]＞E＞Aを守って順位を決める）。

1位　2位　3位　4位　5位

B ＞ E ＞ A ＞ C ＞ **D**

B ＞ C ＞ E ＞ A ＞ **D**

B ＞ C ＞ **D** ＞ E ＞ A

C ＞ B ＞ E ＞ A ＞ **D**

C ＞ B ＞ **D** ＞ E ＞ A

C ＞ **D** ＞ B ＞ E ＞ A

よって、2位、3位、5位が考えられる。

ブラックボックス

装置内の計算規則を見つける！

1 下の例のように整数を信号として入力したとき、以下のような規則で変化させる装置がある。

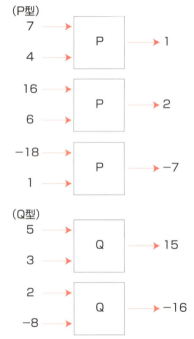

他に、R型は入ってきた数値が0であれば0、正の数であれば1を、負の数であれば-1を出力する。これらの3つの装置をつないで、入力した場合、Y=-1となるものはどれか。

	アの場合	イの場合	ウの場合
X_1	26	−3	−18
X_2	7	0	−18
X_3	−3	−1	−4
X_4	1	−3	4

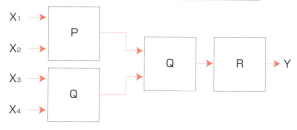

- **A** アだけ
- **B** イだけ
- **C** ウだけ
- **D** アとイ
- **E** アとウ

解答と解説

1 正解：D

装置Pは7+4=1<u>1</u>→1。16+6=2<u>2</u>→2。−18+1=−1<u>7</u>→−7。両者の和の1桁目の数を出す装置である。装置Qは5×3=15。2×(−8)=−16。両者をかける装置である。
よって装置に数値を入れると

アの場合　①26+7=33→3
　　　　　②−3×1=−3
　　　　　③3×(−3)=−9　　Rに−9を入れると−1

イの場合　①−3+0=−3
　　　　　②−1×(−3)=3
　　　　　③−3×3=−9　　Rに−9を入れると−1

ウの場合　①−18+(−18)=−36→−6
　　　　　②−4×4=−16
　　　　　③−6×(−16)=96　　Rに96を入れると1

よって、Y=−1となるのは、アとイの場合である。

与えられた不等式がxy平面上でどの領域を表すか考える

グラフの領域

① $y > f(x)$は、曲線(または直線)$y = f(x)$よりも上の部分の領域を表す
② $y < f(x)$は、曲線(または直線)$y = f(x)$よりも下の部分の領域を表す

例題 右の図は、次の2つの直線でxy平面を4つの領域に分割した状態を表したものである。

$y = x$
$y = -2x + 3$

このとき、
$y > x$ かつ $y < -2x + 3$
の示す領域は次のうちどれか。

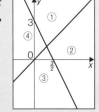

A ①　　B ②　　C ③　　D ④
E ①と②　F ②と③　G ③と④　H ①と④

解答と解説

$y > x$が示す領域は、右の図1の網掛けの部分になる($y = x$よりも上の部分)。

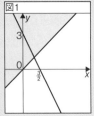
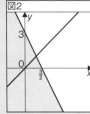

また、$y < -2x + 3$が示す領域は、右の図2の網掛けの部分になる($y = -2x + 3$よりも下の部分)。問題は、$y > x$かつ$y < -2x + 3$だから、この2つの共通部分である④が正解となる。

正解：D

右の図は、

$y = -\dfrac{1}{2}x + 2$

$y = x^2 - 2x - 3$

の2つのグラフを描いた図である。
このとき、次の2つの不等式が表す領域はどれか。

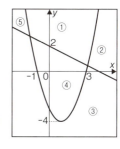

$y > -\dfrac{1}{2}x + 2$ かつ $y < x^2 - 2x - 3$

A ①と④ B ②と⑤ C ③と④ D ①のみ
E ②のみ F ③のみ G ④のみ H ⑤のみ

解答と解説

1 正解：**B**

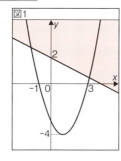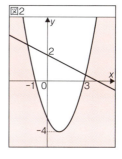

$y > -\dfrac{1}{2}x + 2$ が示す領域は図1の網掛けの部分になり、

$y < x^2 - 2x - 3$ が示す領域は図2の網掛けの部分になる。

問題は、$y > -\dfrac{1}{2}x + 2$ かつ $y < x^2 - 2x - 3$ だから、この2つの共通部分である②と⑤が正解となる。

与えられた条件を満たす組合わせを図点として考える

条件と領域

 直線を作る図点の共通点を見つけ、その境界線を条件と照らし合わせる

1 ある製品の製造にあたり、部品S、Tの数について、次のように定めた。

条件ア　Sの数は5個以上にすること。
条件イ　Sの数は30個以下にすること。
条件ウ　Tの数は10個以上にすること。
条件エ　Tの数は35個以下にすること。
条件オ　SとTの合計は55個以下にすること。

右の図は、Sの個数を縦軸に、Tの個数を横軸にとって示したものである（図点は上記条件のすべてを満たす組合わせを表す）。

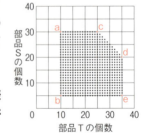

(1) 点aと点bで作る直線で表される境界は、上記のどの条件によるものか。

A ア　　B イ　　C ウ
D エ　　E オ　　F すべて違う

(2) 点aと点cで作る直線で表される境界は、上記のどの条件によるものか。

A ア　　B イ　　C ウ
D エ　　E オ　　F すべて違う

（3）**各部品の価格が下記のとき、点a、点b、点c、点d、点eのうち価格が4000円より低くなるのはどれか。**

部品S　1個60円　　　部品T　1個100円

A　点aと点b　　　　**B**　点bと点c

C　点bと点e　　　　**D**　点aと点e

E　点bと点cと点e　**F**　点aと点bと点e

解答と解説

1（1）正解：**C**

　点aの個数は部品Sが30個、部品Tが10個。
　点bの個数は部品Sが5個、部品Tが10個。
　両点とも部品Tが10個で、それより右に黒点があり、条件ウの部品Tが10個以上の境界を表す。

（2）正解：**B**

　点aの個数は部品Sが30個、部品Tが10個。
　点cの個数は部品Sが30個、部品Tが25個。
　両点とも部品Sが30個でそれより下に黒点があり、条件イの部品Sが30個以下の境界を表す。

（3）正解：**F**

点a	部品S	30個×60円＝1800円	
	部品T	10個×100円＝1000円	合計2800円
点b	部品S	5個×60円＝300円	
	部品T	10個×100円＝1000円	合計1300円
点c	部品S	30個×60円＝1800円	
	部品T	25個×100円＝2500円	合計4300円
点d	部品S	20個×60円＝1200円	
	部品T	35個×100円＝3500円	合計4700円
点e	部品S	5個×60円＝300円	
	部品T	35個×100円＝3500円	合計3800円

全体から何かを選ぶとき、ある事柄が起こる場合の数を求める

順列・組合わせ

① 順列（n個の中からr個選ぶ）：
$_nP_r = n(n-1)(n-2)\cdots(n-r+1)$

② 組合わせ：$_nC_r = \dfrac{n \times (n-1) \times \cdots \times (n-r+1)}{r \times (r-1) \times \cdots \times 1}$

例題

①1から6の6枚のカードの中から、3枚を選んで3ケタの整数を作るとき、全部で何通りの整数ができるか。

A 20通り　　B 60通り　　C 120通り
D 180通り　E 240通り　F 360通り

②あるクラブで男4人、女3人の中から2人のレギュラーを選ぶとき、選び方は何通りか。

A 7通り　　B 12通り　　C 21通り
D 24通り　 E 30通り　　F 42通り

解答と解説

①6枚の中から3枚を選ぶ順列なので、
$_6P_3 = 6 \times 5 \times 4 = 120$通り

正解：C

②合計7人の中から2人を選ぶ組合わせとなる。

$_7C_2 = \dfrac{7 \times 6}{2 \times 1} = 21$通り

正解：C

あるクラブには男4人、女4人が所属している。

52

（1）代表と会計係を1人ずつ選ぶとき、選び方は何通りあるか。

A 12通り　　B 16通り　　C 28通り

D 56通り　　E 64通り　　F 70通り

（2）広報を4人選ぶとき、選び方は何通りあるか。

A 70通り　　B 120通り　　C 256通り

D 336通り　　E 556通り　　F 1680通り

（3）（2）のとき、少なくとも女子が1人入る選び方は何通りあるか。

A 63通り　　B 69通り　　C 72通り

D 108通り　　E 110通り　　F 128通り

SPI 3

非言語能力検査 ● 順列・組合わせ

解答と解説

1 （1）正解：**D**

合計8人の中から代表と会計係を選ぶのだから、8人の中から2人を選ぶ順列を考える。

$_8P_2 = 8 \times 7 = 56$通り

（2）正解：**A**

合計8人の中から4人の広報を選ぶのだから、8人の中から4人を選ぶ組合わせを考える。

$_8C_4 = \dfrac{8 \times 7 \times 6 \times 5}{4 \times 3 \times 2 \times 1} = 70$通り

（3）正解：**B**

「少なくとも女子1人を含む場合の数＝すべての場合の数－1人も女子が含まれない（4人とも男子）場合の数」と考える。

すべての場合の数＝70通り（（2）より）

1人も女子が含まれない（4人とも男子）場合の数

$= _4C_4 = \dfrac{4 \times 3 \times 2 \times 1}{4 \times 3 \times 2 \times 1} = 1$通り

少なくとも女子1人を含む場合の数＝70－1＝69通り

53

順列・組合わせ

2 下のような円を4等分した箇所を違う色で塗り分けるとき、次の問いに答えなさい。なお、回転して同じになるときは、同じ塗り方とする。

(1) 赤、青、黄、緑の4色で4箇所をすべて塗るとき、何通りの塗り方があるか。

A 4通り　　B 6通り　　C 8通り
D 12通り　E 16通り　F 24通り

(2) (1)に茶を加えた5色の中から4色選び、その4色で4箇所を塗るとき、何通りの塗り方があるか。

A 10通り　B 20通り　C 24通り
D 30通り　E 36通り　F 48通り

3 下のような星の形をした図計で区分けされた6箇所を違う色で塗り分けるとき、次の問いに答えなさい。なお、回転して同じになるときは、同じ塗り方とする。

(1) 赤、青、黄、緑、茶、紫の6色で6箇所を塗るとき、何通りの塗り方があるか。

A 32通り　　B 44通り　　C 58通り
D 69通り　　E 86通り　　F 144通り

(2) (1)に白と黒を加えた8色の中から6色選び、その6色で6箇所を塗るとき、何通りの塗り方があるか。

A 366通り　　B 824通り　　C 1248通り
D 1866通り　 E 4032通り　 F 98通り

54

解答と解説

2 (1) 正解：B

ここでは次の円順列の公式を用いる。

n個のものをすべて使ってできる円順列の個数＝（n－1）!

（例：（5－1）!＝4×3×2×1＝24通り）

「回転して同じになるときは、同じ塗り方とする」という円順列とは、下の①から④のように、回転させてもaからdの色の順番が同じになるものをいう。

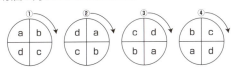

円順列の公式に4を代入。（4－1）!＝3×2×1＝6通り
円順列は固定して考えてもよい。たとえば、①のaを左上に固定して、あとの3箇所に3色入る順列$_3P_3$を計算する。
$1×_3P_3＝1×3×2×1＝6$通り（最初の1はaを固定した1）

(2) 正解：D

5色から4色選ぶため1色残る。組合わせは$_5C_1＝5$通り
あとは（1）と同じように4箇所に塗る。
（4－1）!＝6通り　よって、5×6＝30通り

3 (1) 正解：F

まん中のfの色は、$_6C_1＝6$通り
aからeは円順列の公式で、
（5－1）!＝4×3×2×1＝24通り
よって、6×24＝144通り

(2) 正解：E

8色から6色選ぶため2色残る。$_8C_2＝\dfrac{8×7}{2×1}＝28$通り
6色の塗り方は144通りなので、28×144＝4032通り

ある事柄が起こる可能性がどのくらいあるか求める

確率

① 確率 = ある事柄の場合の数 / すべての場合の数
② AとBが連続して起こる確率 = Aの確率×Bの確率
③ Cの起こらない確率 = 1 − Cの起こる確率

①袋の中に赤のカードが5枚、白のカードが3枚入っている。この袋の中からカードを戻さずに1枚ずつカードを3枚取り出すとき、3枚とも白である確率を求めなさい。

A $\frac{3}{256}$ B $\frac{1}{56}$ C $\frac{15}{128}$ D $\frac{3}{8}$ E $\frac{1}{5}$

②白玉3個、赤玉2個の入った箱がある。同時に2個取り出すとき、色の違う玉である確率を求めなさい。

A $\frac{1}{3}$ B $\frac{2}{5}$ C $\frac{3}{5}$ D $\frac{2}{3}$ E $\frac{3}{4}$

解答と解説

①カードを戻さずに1枚ずつカードを取り出すとき、3枚とも白である確率は

$\frac{3}{8}$(1枚目が白の確率) × $\frac{2}{7}$(2枚目が白の確率) × $\frac{1}{6}$(3枚目が白の確率) = $\frac{1}{56}$

正解：B

②求める確率は $\frac{白1・赤1となる場合の数}{すべての場合の数}$ で求める。

すべての場合の数 = $_5C_2 = \frac{5 \times 4}{2 \times 1} = 10$

白1・赤1となる場合の数 = $_3C_1 \times _2C_1 = 3 \times 2 = 6$

よって、求める確率は $\frac{6}{10} = \frac{3}{5}$

正解：C

1 大小2つのサイコロを同時に振って、目の合計が11以上になる確率はどれか。

A $\dfrac{1}{18}$　　B $\dfrac{1}{12}$　　C $\dfrac{1}{9}$　　D $\dfrac{1}{6}$　　E $\dfrac{1}{3}$

2 男子3人、女子4人のクラブの中から3人の代表を選ぶとき、少なくとも1人が男子になる確率はどれか。

A $\dfrac{4}{35}$　　B $\dfrac{3}{25}$　　C $\dfrac{3}{4}$　　D $\dfrac{22}{25}$　　E $\dfrac{31}{35}$

解答と解説

1 正解：B

サイコロを2つ振ったときの場合の数は　6×6＝36通り
目の合計が11以上である場合の数は（5・6）（6・5）（6・6）
より3通りになるので、

　　求める確率は $\dfrac{3}{36} = \dfrac{1}{12}$

2 正解：E

『少なくとも男子が1人入る確率＝1－3人とも女子となる確率』
で求める。

　　3人とも女子となる確率＝$\dfrac{女子4人の中から3人を選ぶ場合の数}{7人の中から3人を選ぶ場合の数}$

となる。

　　7人の中から3人を選ぶ場合の数（分母）………… $_7C_3$
　　女子4人の中から3人を選ぶ場合の数（分子）…… $_4C_3$

$\dfrac{_4C_3}{_7C_3} = \dfrac{4 \times 3 \times 2}{3 \times 2 \times 1} \div \dfrac{7 \times 6 \times 5}{3 \times 2 \times 1} = \dfrac{4}{35}$

よって、求める確率は $1 - \dfrac{4}{35} = \dfrac{31}{35}$

確率

3 Xが1、3、5、7、Yが2、4、6のカードを持っており、それぞれ持っているカードを見ないで出し合い、その数値が大きいほうが勝つゲームをした。
次の問いに答えなさい。

(1) それぞれ1枚のカードを出し合い、Xが勝つ確率を求めなさい。

A $\frac{1}{12}$　　B $\frac{1}{4}$　　C $\frac{1}{3}$　　D $\frac{5}{12}$

E $\frac{1}{2}$　　F $\frac{7}{12}$　　G $\frac{2}{3}$　　H $\frac{5}{6}$

(2) それぞれ2枚ずつカードを出し合い、あいこ（両者のカードの和が同数）になる確率を求めなさい。

A $\frac{1}{72}$　　B $\frac{1}{36}$　　C $\frac{1}{18}$　　D $\frac{1}{9}$

E $\frac{5}{36}$　　F $\frac{2}{9}$　　G $\frac{5}{18}$　　H $\frac{5}{9}$

解答と解説

3 (1) 正解：**E**

表を書いて求める。

Xが勝つ組合わせに○を付ける。

		Y	
	2	4	6
1			
X 3	○		
5	○	○	
7	○	○	○

マスは全部で12、Xが勝つ○は6。

よって、$\dfrac{6}{12}=\dfrac{1}{2}$

(2) 正解：**F**

両者のカードの和が同数になるのは以下の4パターン。

      X   Y

① 1+5=6   ⇔   2+4=6

② 1+7=8   ⇔   2+6=8

③ 3+5=8   ⇔   2+6=8

④ 3+7=10 ⇔   4+6=10

Xが4枚から2枚を出す組合わせは$_4C_2=6$（通り）

（1と3、1と5、1と7、3と5、3と7、5と7の6通り）

各パターンにおいて2枚の数のカードが出る確率は$\dfrac{1}{6}$

Yが3枚から2枚を出す組合わせは$_3C_2=3$（通り）

（2と4、2と6、4と6の3通り）

各パターンにおいて、2枚の数のカードが出る確率は$\dfrac{1}{3}$

よって、両方が連続して出る確率は$\dfrac{1}{6}\times\dfrac{1}{3}=\dfrac{1}{18}$

4パターンあるので $\dfrac{1}{18}\times4=\dfrac{4}{18}=\dfrac{2}{9}$

割合や比率を用いて料金を均等に計算する文章題

料金の貸し借り

重要度 B / 解答時間 4分

これだけ覚える！

① 問題文から、項目をメモして整理する
② A. 動いた金額の総額を計算する
　 B. 人数で均等額を計算する
　 C. 各人の差額を計算する
　 この組合わせで出題される

1 X、Y、Zの3人がパーティーを開くことにした。Xは6000円の食材を、Yは3500円のゲームを、Zは2500円のケーキをそれぞれ購入し、持ち寄った。なお以前に、XはYに1500円、Zに2000円を借りている。今回、パーティー代とお金の貸し借りを一挙に精算するにはどうすればよいか。

(1) XがY、Zに差額を支払って精算する方法では、XがYに支払うのはいくらか。

A　0円　　　　B　250円　　　C　500円
D　750円　　　E　1000円　　F　1250円
G　1500円　　H　2000円

(2) 同様の方法で、XがZに支払うのはいくらか。

A　0円　　　　B　250円　　　C　500円
D　750円　　　E　1000円　　F　1250円
G　1500円　　H　2000円

(3) Yが精算前に帰ってしまい、XがZに、いったんYの分も合わせて精算し、そしてZがYに支払うことにした。XがZに支払う金額はいくらか。

A 0円	**B** 250円	**C** 500円
D 750円	**E** 1000円	**F** 1250円
G 1500円	**H** 2000円	

(4)（3）のとき、ZがYに支払う金額はいくらか。

A 0円	**B** 250円	**C** 500円
D 750円	**E** 1000円	**F** 1250円
G 1500円	**H** 2000円	

解答と解説

1（1）**正解：E**

まずパーティー代を均等に割る。

（6000＋3500＋2500）÷3＝4000円

Yは500円少ないが（3500−4000）、Xへの貸付金が
1500円あるので、1500−500＝1000円

Xから1000円を返してもらい精算。

（2）**正解：C**

Zは1500円少ないが（2500−4000）、Xへの貸付金が
2000円あるので、2000−1500＝500円

Xから500円を返してもらい精算。

（3）**正解：G**

Xが2人に支払う合計1500円をZに支払う。

（4）**正解：E**

1500円の中からZがYに1000円を支払う。

複数の記号、割合を用いて計算式や数値を計算する

物の流れと比率

重要度 B　解答時間 5分

これだけ覚える!
① 図で示された計算式の意味を理解する
② 流れが**複数**の式で表されることを理解する
③ 計算式、割合から実際に計算を行う

1 **ある商品が複数の会社を経由して納品される流れを表す場合、O社が出荷した商品が比率aでP社に入荷されたとき、これを図1のように示す。**

$$O \xrightarrow{a} P \quad 図1$$

この場合、O社、P社が取り扱う商品数をそれぞれO、Pとすると、式P＝aOが成り立つ。
同様にO社がQ社に比率aで出荷したとき、R社がQ社に比率bで出荷したとき、これを図2のように示す。

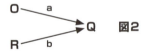

この場合、式Q＝aO＋bRが成り立つ。
また、O社からP社に比率aで出荷したものが、さらにQ社に比率bで出荷されたとき、これを図3のように示す。

この場合、式Q＝bPが成り立ち、また、PはaOで計算できるから、Q＝b(aO)＝abOとも表せる。
また式は、たとえば、(a＋b)O＝aO＋bO、c(a＋b)O＝acO＋bcOのような演算が成り立つとする。

(1) 上記の条件で次の図を表す式として適切なのはどれか。

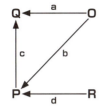

ア　Q＝cP＋aO
イ　Q＝c(dR＋bO)＋aO
ウ　Q＝cdR＋aO

A ア　　**B** イ　　**C** ウ　　**D** アとイ
E アとウ　**F** イとウ　**G** すべて

(2) 同じ図でa、bが0.3、c、dが0.5である場合、O社の取り扱う商品のうちQ社に納品されるのは何％か。

A 15%　**B** 25%　**C** 30%　**D** 42.5%
E 45%　**F** 50%　**G** 55.5%

解答と解説

1 (1) 正解：D

アは図2から正しい。
イはcdR＋bcO＋aOと展開でき、図3からPに集まる2つ(dRとbO)をcの比率でQに出荷しているのを表し、もう1つのaOも表現しており正しい。ウはイの式のbcOがなく、Pに集まる1つしか表現しておらず誤り。

(2) 正解：E

O社からの出荷は上記イの計算式のbcO＋aOの部分で表現されており、比率を代入すると、
0.3×0.5＋0.3＝0.45　よって45%

最初に示された2語と同じ関係の対を選ぶ

2語の関係（6択）

① 左右の並び方も正確に見きわめる
② 正解が1つとはかぎらない。漏らさず選ぶ

1 最初に示した太字の2語の関係を考え、これと同じ関係を示す対を選びなさい。

（1）**ボールペン：筆記用具**
ア　携帯電話：通信
イ　冷蔵庫：家電製品
ウ　昆虫：とんぼ
A　アだけ　　B　イだけ　　C　ウだけ　　D　アとイ
E　アとウ　　F　イとウ

（2）**輸送：トラック**
ア　切断：ナイフ
イ　バナナ：果物
ウ　掘削：ショベル
A　アだけ　　B　イだけ　　C　ウだけ　　D　アとイ
E　アとウ　　F　イとウ

（3）**自転車：タイヤ**
ア　ファミリーレストラン：食事
イ　新聞紙：パルプ
ウ　マンション：エレベーター
A　アだけ　　B　イだけ　　C　ウだけ　　D　アとイ
E　アとウ　　F　イとウ

解答と解説

1 (1) **正解：B**　ボールペンと筆記用具は、「包含」の関係という。AがBの一種であるとき、包含の関係になる。語の並び方にも注意すること。

ここでは、左のボールペンが右の筆記用具の一種である。アの携帯電話は、通信に用いるので、「用途」の関係。

イの冷蔵庫は、家電製品の一種で包含の関係になり、語の並び方もボールペン＜筆記用具と同じ。ウのとんぼは昆虫の一種だが、語の並び方が逆になっている。

ボールペン＜筆記用具…包含

ア　携帯電話→通信…用途

イ　冷蔵庫＜家電製品…包含

ウ　昆虫＞とんぼ……包含

(2) **正解：E**　トラックは輸送に用いるので、用途の関係である。語の並び方に注意が必要だ。右のトラックを用いて、左の輸送をする。これと同じ関係なのはアとウである。

輸送←トラック…用途

ア　切断←ナイフ…用途

イ　バナナ＜果物…包含

ウ　掘削←ショベル…用途

(3) **正解：C**　タイヤは自転車の一部なので、「部分」の関係という。包含の関係と混同しがちなので注意しよう。AがBの一種のときは包含、AがBの一部のときは部分である。これと同じ関係なのはウ。なお、イは、パルプから新聞紙を作るので、「原料」の関係という。

自転車＞タイヤ…部分

ア　ファミリーレストラン→食事…用途

イ　新聞紙←パルプ…原料

ウ　マンション＞エレベーター…部分

最初に示された2語と同じ関係となる語を選ぶ

2語の関係（5択）

① 「包含」「用途」「部分」「原料」は基本的な関係
② 同意語や反意語も出題される

1 最初に示した太字の2語の関係を考え、これと同じ関係になる語をそれぞれ1つ選びなさい。

(1) **キリン：動物**
　　ビール　A　ビン
　　　　　　B　ホップ
　　　　　　C　枝豆
　　　　　　D　飲み物
　　　　　　E　ラガー

(2) **冷淡：薄情**
　　懇切　A　依存
　　　　　B　挨拶
　　　　　C　謝礼
　　　　　D　笑顔
　　　　　E　丁寧

(3) **鉛筆：筆記**
　　洗濯機　A　家電
　　　　　　B　乾燥機
　　　　　　C　洗濯
　　　　　　D　洗剤
　　　　　　E　洗濯物

(4) **家：玄関**
　　トラック　A　自動車
　　　　　　　B　荷台
　　　　　　　C　バン
　　　　　　　D　ダンプ
　　　　　　　E　ガソリン

(5) **消しゴム：文房具**
　　競泳　A　水球
　　　　　B　水着
　　　　　C　自由形
　　　　　D　水泳
　　　　　E　水遊び

(6) **広告：宣伝**
　　沈着　A　沈没
　　　　　B　浮沈
　　　　　C　無事
　　　　　D　冷静
　　　　　E　騒動

(7) **購入：売却**

軽率	A	重鎮
	B	突然
	C	慎重
	D	故意
	E	熟練

(8) **小麦粉：パン**

布	A	木綿
	B	レザー
	C	衣服
	D	裁縫
	E	ナイロン

SPI3 言語能力検査 ● 2語の関係（5択）

解答と解説

■(1) **正解：D** キリンは動物の一種で包含の関係。ビールは飲み物の一種なので包含の関係になる。

(2) **正解：E** 「冷淡」と「薄情」は同意語。いずれも、人情に薄く、思いやりがないこと。「懇切」の同意語は「丁寧」。

(3) **正解：C** 鉛筆は筆記に用いるので用途の関係。洗濯機は洗濯に用いるので用途の関係になる。

(4) **正解：B** 玄関は家の一部なので部分の関係。トラックの一部と考えられるのは荷台となる。包含の関係と混同しないようにしよう。

(5) **正解：D** 消しゴムは文房具の一種で包含の関係。競泳は水泳の一種と考えられるので包含の関係になる。なお、もし消しゴムと文房具の左右の並び方が逆であった場合には、競泳の一種である自由形を選ぶことになる。

(6) **正解：D** 「広告」と「宣伝」は同意語。「沈着」の同意語は「冷静」。

(7) **正解：C** 「購入」と「売却」は反意語。「軽率」の反意語は「慎重」。「軽率」は、ものごとを深く考えず、軽はずみに行うこと。「慎重」は、注意深くして、軽々しく行動しないこと。

(8) **正解：C** 小麦粉からパンを作るので原料の関係。布から衣服を作るので原料の関係になる。

67

ある語が例文と同じ意味で使われている文を選ぶ
同じ意味の語

① それぞれの文中での意味の違いに注意
② 名詞、動詞から助動詞、助詞まで幅広く出る

 例文の下線部とほぼ同じ意味で使われているものをそれぞれ1つ選びなさい。

(1) 〈例〉 猫の手も借りたい。
　　A　ずいぶん手のこんだ細工だ。
　　B　男手一つで子どもを育てあげた。
　　C　新しい服に手を通してごらん。
　　D　直接手でつまんで食べよう。
　　E　竹をあさがおの手にする。

(2) 〈例〉 朝もやの中に一輪の朝顔が咲いている。
　　A　高原にはリスもいる。
　　B　その件ならもう済んでいる。
　　C　観察するには虫めがねがいる。
　　D　強力な光が目をいる。
　　E　日曜日は父が自宅にいる。

(3) 〈例〉 もう時間がない。
　　A　知らない町に来てしまった。
　　B　彼は少しも働かない。
　　C　それでもやめない。
　　D　面白くなくても見る。
　　E　がんばらないと成績が下がる。

(4)〈例〉彼は今にも泣きだしそうだ。

A 今日の試合は中止になるそうだ。

B 手術後の経過は良いそうだ。

C あの店の料理はおいしいそうだ。

D 今夜は雨になりそうだ。

E 今度のテストは難しいそうだ。

SPI-3

言語能力検査 ● 同じ意味の語

解答と解説

1 (1) **正解：B** 「猫の手」の「手」は、(労働する)力のことを意味する。Bの「男手」の「手」も同様に労働力、人手の意味。Aは手数や手間のこと。CとDは身体の一部の手。Eは植物のツルをからませるための棒のこと。

(2) **正解：B** 「咲いている」の「いる」は、補助的な働きをする補助動詞という。同じものはB。AとEは「存在する」という意味の動詞。またCは「要る」、Dは「射る」。

(3) **正解：D** 「時間がない」の「ない」は、「ぬ」と置き換えることができない。「ぬ」と置き換えて意味が通じないものは形容詞。同じものはD。それ以外は否定の助動詞。「ない」の区別は頻出なので、よく理解しておこう。

見分け方の基本…「ぬ」に置き換えてみる（例外もある）

〈例1〉働かない。→働かぬ。

　置き換えて意味が通じる→否定の助動詞

〈例2〉お金がない。→お金がぬ。

　意味が通じない→形容詞

(4) **正解：D** 「そうだ」には、様態（いまにも…する様子だ）と伝聞（…ということだ。…という話だ）の2つの用法がある。様態は主として連用形や語幹に、伝聞は終止形に接続する。

〈例1〉雨になりそうだ。…様態

〈例2〉雨になるそうだ。…伝聞

例文とDは様態、それ以外は伝聞である。

69

同じ意味の語

2 例文の下線部とほぼ同じ意味で使われているものをそれぞれ1つ選びなさい。

(1) 〈例〉道はまだまだ遠いらしい。
　　A　午後から雪になるらしい。
　　B　春らしい景色になった。
　　C　子猫がとてもかわいらしい。
　　D　彼はなかなか男らしい。
　　E　社会人らしい服装が板についた。

(2) 〈例〉筆で宛名を書く。
　　A　大雪で電車が止まった。
　　B　よろこんで引き受けましょう。
　　C　京都駅で待ち合わせよう。
　　D　都合が悪いようであれば出直します。
　　E　きれいな折り紙で鶴を折る。

(3) 〈例〉私の部屋はとても乱雑だ。
　　A　雪の降る町を歩いてみよう。
　　B　君はどこの国から来たの。
　　C　この帽子は彼女のだろう。
　　D　山は秋の気配を漂わせている。
　　E　ジュースの冷えたのが飲みたい。

(4) 〈例〉自分のことばかり考えて失敗した。
　　A　一時間ばかり休もう。
　　B　躍り上がらんばかりに喜ぶ。
　　C　泣いてばかりいてはわからない。
　　D　今起きたばかりです。
　　E　千円ばかり貸してほしい。

(5) 〈例〉友人がいなければ、人生は寂しいだろう。

A お金があれば、買えるのだが。

B ライオンもいれば、象もいる。

C 朝になれば、明るくなるよ。

D このボタンを押せば、戸が開くよ。

E 思えば悲しい出来事だった。

解答と解説

❷(1) 正解：A 助動詞「らしい」は、例文やAのように終止形に接続する場合、伝聞や根拠のある推量の用法。また、B、D、Eのように体言に接続する場合、ぴったりした状態（いかにも……のようである）を表す。Cは形容詞の一部。

(2) 正解：E 例文の「で」は格助詞で、方法・手段を表す。同じ用法はE。Aは原因、Cは場所を表す。Bは接続助詞「て」の濁音化、Dは助動詞「ようだ」の連用形の一部である。

(3) 正解：D 例文の「の」は格助詞で、「私」が「部屋」を修飾するので連体修飾格。同じ用法はD。Aは「雪」が「降る」の主語なので主格。Bは質問（疑問）に使われる終助詞。Cは「……のもの」という意味で準体格。Eは「……で」と置き換えることができる同格。

(4) 正解：C 例文の「ばかり」は、範囲を限定する働きの副助詞で、「……だけ」「……のみ」の意味を表す。同じ用法はC。AとEはおおよその数量を表し、「……ほど、……くらい」の意味。Bは程度を表し、「まるで……ほど」という意味。Dは動作が完了して間もない状態を表す。

(5) 正解：A 例文の「ば」は、ある事柄を仮に考えることを表し、「もし……なら」の意味。同じ用法はA。Bは、共存する事柄を並列・列挙する働き。CとDは、ある条件では必ずそうなることを表し、「……すると必ず」の意味。Eは、ある事態に気づくきっかけとなった動作などを表す。

誤りやすい語の意味と使い方を答える

熟語

① 日頃から新聞等を読むことを心がける
② わからない言葉は辞書で意味を調べて覚える

1 下線部の言葉と、意味が適合するものを選択肢から1つ選びなさい。

（1）**喫緊**
A 誰にも知られていない秘密
B 緊張して深呼吸をすること
C 差し迫って重要なこと
D 物事が表面化すること
E 気分がはりつめること

（2）**撞着**
A はるか昔のこと
B 遅れて到着すること
C 強くあこがれること
D つじつまが合わないこと
E あわてふためくこと

（3）**つまびらかだ**
A 物事にこだわらない
B くわしくてはっきりしている
C 複雑でこみいっている
D 投げやりでやる気がない
E ありふれていて面白味がない

（4）**しおらしい**
A 気骨があって手ごわい
B タイミングがよい
C あせっておろおろする

D 控え目で従順である

E 引っ込み思案で無口だ

SPI3

言語能力検査 ● 熟語

(5) **姑息な手段を用いる**

A その場だけの間に合わせ

B ひきょうなやり方

C 誰も思いつかない方法

D 正当とはいえない手

E 他者を真似たやり方

解答と解説

1 (1) 正解：**C**

「その問題は喫緊に解決しなければならない」などと用いる。意味合いとしては、「差し迫っている」より、「重要である」に重点を置く。

(2) 正解：**D**

「自家撞着」などの熟語で用いることも多く、自分で言うことやすることが、自分自身の思いや信条とくいちがっていることを表す。「矛盾」とほぼ同意語。

(3) 正解：**B**

漢字では「詳らかだ」「審らかだ」と書く。物事が詳細、かつ明白であるときに用いる。

(4) 正解：**D**

「しおらしい」には、「控え目で従順だ」と「可憐でかわいい」の意味がある。日ごろは活発な子どもが、人前ではおとなしくしているときなどには前者の意味で用いる。

(5) 正解：**A**

一時しのぎで、間に合わせの対策を講じるときに用いる。「やり方がひきょうだ」という誤った意味で理解している人が多いので注意。

ばらばらになった文章を正しい順に並べ替える

文章の並べ替え

① 指示語や、修飾語と被修飾語の関係をチェックする
② 文章の主旨を考える

1 次の文の意味が成り立つようA〜Eを並べ替えるとき、（ ③ ）に入るものはどれか、1つ選びなさい。

(1) 狂言は、(①)(②)(③)(④)(⑤)もてはやされた。

A 民衆の生活などに求め
B とくに民衆に
C 日常の会話が用いられたので
D その題材を
E せりふも

(2) 最初期の写真技法は(①)(②)(③)(④)(⑤)使えなかった。

A 15分以上の
B 強い日光と
C 肖像写真には
D 戸外の風景は撮影できても
E 露出時間を必要とし

74

（3）大腸菌は（　①　）（　②　）（　③　）（　④　）（　⑤　）多く用いられる。

A　分子生物学の研究によって
B　遺伝子工学の実験にも
C　最もよく知られた
D　細菌であり
E　遺伝子の構造が

SPI-3

言語能力検査 ● 文章の並べ替え

解答と解説

1（1）**正解：E**

「せりふも」が「日常の会話が用いられたので」につながることには気づきやすいので、そこから考える。「狂言は、①その題材を②民衆の生活などに求め③せりふも④日常の会話が用いられたので⑤とくに民衆にもてはやされた」という文になる。③にはEの「せりふも」が入る。

（2）**正解：E**

「15分以上の」が「露出時間を必要とし」につながることには気づきやすいので、そこから考える。「最初期の写真技法は①強い日光と②15分以上の③露出時間を必要とし④戸外の風景は撮影できても⑤肖像写真には使えなかった」という文になる。③にはEの「露出時間を必要とし」が入る。

（3）**正解：C**

「大腸菌は①分子生物学の研究によって②遺伝子の構造が③最もよく知られた④細菌であり⑤遺伝子工学の実験にも多く用いられる」という文になる。③にはCの「最もよく知られた」が入る。なお、①と②を入れ替えても文は成り立つが、③に入るものは変わらない。

75

文意に合うように欠落した語句を選んで入れる

空欄補充

① 文章の主旨を考える
② 空欄の前後の文脈に最もふさわしい語句を選ぶ

1 次の文章を読んで、空欄に入る適切な語句を1つ選びなさい。

　環境問題を起こさない製品作りに、微生物の利用が進められている。例えば、廃棄されたサトウキビやトウモロコシのでんぷんから、発酵によってエタノールを作る。これを自動車の燃料に使う試みがある。エタノールは、一般のガソリンよりも公害のもとになるガスが出ない。したがって、石油に代わる燃料として（　　）されているのである。

A　理論化　　B　問題化　　C　理想化
D　陳腐化　　E　実用化　　F　一本化

2 次の文章を読んで、空欄に入る適切な語句の組み合わせを1つ選びなさい。

　私の文学は、目下毀誉褒貶の渦中にある。ほめられれば一応うれしいし、けなされれば一応面白くない。しかし一応である。（　①　）、毀も貶も、誉も褒も、つねに（　②　）の上に立っていると思うからだ。もっとも、作家というものは結局誤解のくもの巣にひっかかった蠅のようなものだ。

	①	②
A	だから	誤解
B	あるいは	非難
C	だから	模倣
D	あるいは	非難
E	なぜなら	誤解
F	なぜなら	模倣

SPI3

言語能力検査 ● 空欄補充

解答と解説

❶ 正解：E

　「微生物の利用」によって作られた「エタノール」が「自動車の燃料」として実際に使われていることから、「実用化」が正解である。「エタノール」が「公害のもとになるガス」を一般のガソリンよりも出さないというのは事実なので、「理想化」ではないことに注意する。

❷ 正解：E

　「立っていると思うからだ」の「からだ」に着目すれば、その直前の文とは「結論↔理由」の関係になっていることがわかる。よって、①には「理由」を示す接続詞である「なぜなら」があてはまる。

　「もっとも、作家というものは」の「もっとも」という語に続く文は、直前の文に対する説明や注釈を補足するので、②には「誤解のくもの巣」の「誤解」がそのままあてはまることがわかる。

空欄補充

3 次の空欄に入る最も適切な表現はどれか。

(1) (　) する最古の古墳。
　　A　現存　　B　存亡　　C　依存　　D　生存
　　E　存命

(2) 裁判の結果 (　)、控訴も辞さない決意だ。
　　A　いかんによっては　　B　かたがた　　C　につけ
　　D　だんじて　　　　　　E　のことだから

(3) 彼の甘い言葉に乗せられて、(　) つい事情を打ち明けてしまった。
　　A　とかく　　B　たかが　　C　はしなくも
　　D　ろくろく　E　運良く

(4) 都心である新宿には、高層ビルが (　) している。
　　A　対抗　　B　既存　　C　対立　　D　林立
　　E　衰退

(5) 彼が (　) する、根拠のない話を信じないように。
　　A　吹聴　　B　発布　　C　披露　　D　発表
　　E　披瀝

(6) 海外旅行でタクシーを使ったが、運転手は (　) な値段をふっかけてきた。
　　A　飽満　　B　豊富　　C　望外　　D　法外
　　E　奔放

解答と解説

❸ (1) 正解：A

古墳は生物ではないので「生存」「存命」は除かれる。「存亡」は存在し続けるか滅びるか（の運命）、「依存」は自力でなく他の力に基づいて成り立つことで、文脈に合わない。「今ある」という意味の「現存」が妥当であり、Aが正しい。

(2) 正解：A

Aの「いかんによっては」は、「……の状況・結果次第では」という意味。ここでは、「裁判の結果次第では」控訴するという内容なので、Aが正しい。

(3) 正解：C

Cの「はしなくも」は、「端無くも」と表記し、事前に計画したのではなく、「思いがけず」と言いたいときに使う。すぐ後に「つい」という言葉もあり、Cが正しい。

(4) 正解：D

Dの「林立」は、林の中の木々のように多く並び立つことを意味する。ここでは「高層ビル」を林の中の木々に見立てる表現であり、Dが正しい。

(5) 正解：A

Aの「吹聴（ふいちょう）」は、あちこちに言いふらし、広めることなので、Aが正しい。Eの「披瀝（ひれき）」は、心の中を包み隠さずに打ち明けることを意味する。

(6) 正解：D

「ふっかけてきた」だけで、値段を高く言ってきたことがわかる。Dの「法外」は、普通に考えられる程度をはるかに超えていることを意味するので、Dが正しい。

79

長文の文意をいかにすばやく正確に把握できるかが問われる

長文読解

① 設問文を頭に入れてから長文を読む
② 出題では、下線部の説明、空所補充（接続詞、関連語）、本文の内容把握が頻出
③ 一夜漬けの勉強では実力は身につかない。読書などを通してふだんから長文を読むことに慣れておくことが必要

次の文章を読み、以下の問いに答えなさい。

　青年という用語はルソーの「エミール」（1762年）において最初に使用された。つまり、青年と青年期を典型的に創り出したのは西欧近代であるといえよう。
　しかし、現在のわが国において、青年または青年期はそれほど確かな現象とはいえなくなっている。明治時代に小崎弘道は英語のyoung manの訳語として「青年」という言葉をあてたが、この青年とは何者であったのだろうか。まず、青年は子どもとおとなから区別された独特の存在形態として意識され、しかもおとなになり急ごうとするものであったことがあげられる。次に、それは遠くない時期に未知の創造力をもって積極的に歴史を切り開く主体であることを意味していた。（　Ⅰ　）、その志が実業の世界へ向かうものであれ、文学や芸術などの文化の領域に向けられたものであれ、いずれも欧米の文明を吸収して、開化の事業に従事する知識青年、エリートを示唆するものであったことはまちがいない。

こうしたいくつかの側面を、現代の青年像に照らし合わせてみると、<u>Ⅱ次のようなこと</u>が指摘できる。まず現代においての青年期はいちだんと引き延ばされ、多くの青年はおとなの世界に入ることにためらいを持つようであり、さらに早くから自己の将来がエスカレーターシステムにからめられていると自覚したうえで、自身が歴史の主体となる希望をさほど抱いていないようにも見える。加えて質量ともに学校教育が増大するとともに知識青年についての（　Ⅲ　）が生じて、もはや自分をエリートとはいえないという意識を持つようになったことである。このように、青年という言葉の表現する実体は、他のさまざまな日本語の語彙と同様に、時代の推移とともに差異を生じ、言葉だけが残存していることが了解される。

（1）（　Ⅰ　）に入る接続詞を選びなさい。

A ところが　　**B** なぜなら　　**C** そして
D たとえば　　**E** したがって

（2）**文中の下線部Ⅱの内容として適切なものはどれか、次の中から選びなさい。**

a　平均寿命が延びたために、青年期も従来より延伸したこと。

b　現代の青年は、おとなになり急ぐ傾向を持たなくなったこと。

c　青年期という呼び方をする対象年齢が時代によって変化したこと。

A aのみ　　**B** bのみ　　**C** cのみ　　**D** aとb
E bとc

長文読解

(3) **(Ⅲ) にあてはまる言葉として最も適切なものを選びなさい。**

A 社会迎合的生き方　　**B** モラトリアム志向
C 自己完結主義　　　　**D** 大衆化現象
E 偏差値至上主義

(4) **明治期における「青年」の特徴として適切なものを次の中から選びなさい。**

a　歴史を切り開いたり創造したりする場面に主体的に関わりたいと願った。

b　法的な年齢基準が存在せず、青年期の定義は個人の意識により異なった。

c　日本の文明開化をリードするエリートであると思わせるものであった。

A aのみ　　**B** bのみ　　**C** cのみ　　**D** aとb
E aとc

(5) **この文章で述べられている内容と合うものを次の中から選びなさい。**

a　現代では、青年という言葉自体が形骸化している。

b　現代の青年は、明治期に比べて覇気を失った。

c　日本語の語彙は、近年急速にその実体を変化させている。

A aのみ　　**B** bのみ　　**C** cのみ　　**D** aとb
E aとc

解答と解説

1 **(1) 正解：C** 空欄は、明治期における青年とは何者であったか、という問いの答えとなる内容を列挙している文章中に存在する。一つ目は独特の存在形態であること、二つ目は歴史を切り開く主体であること、三つ目はエリートを示唆するもの。単純に要素を加える「そして」が適切である。

(2) 正解：B 「次のようなこと」とは、現代における青年の特質である。aの「平均寿命」は述べられていない。「青年期の延伸」は統計的なものではなく、いつまでも青年のままでいたいという願望が指摘されている。bは、「多くの青年はおとなの世界に入ることにためらいを持つ」に合致。cは「対象年齢」の時代による変化は話題とされていない。

(3) 正解：D 学校教育が広く一般に普及することで高学歴所持者が増加し、少数の人が「エリート」意識を持つ時代ではなくなった。これが「知識青年についての大衆化現象」といえる。

(4) 正解：E aは「積極的に歴史を切り開く主体」に合致する。「関わりたいと願った」という表現は、（　Ⅰ　）のすぐ後の「その志」という言葉に照らして妥当と判断できる。bの「法的な年齢基準」については述べられていない。cは「欧米の文明を吸収して、開化の事業に従事する知識青年、エリートを示唆するものであった」に合致する。

(5) 正解：A aは「青年という言葉の表現する実体は、……言葉だけが残存している」とあり、形骸化しているといえる。bは、覇気を失ったかどうかは不明である。cは、日本語の語彙が時代の推移とともに差異を生じているとは述べられているが、それが「近年急速」であるとはいえない。

性格検査のポイント

●性格検査とは

性格検査は、具体的な設問に回答させ、その回答から個人の性格を統計的、客観的につかむ目的で実施される。

人間にはさまざまな性格があり、それを判定することは容易ではない。しかし、企業（組織）の中で仕事をしていく過程において、個人のもつ性格は大きく影響するため、志望者の性格傾向を類型としてとらえようというのだ。

性格検査では、「行動的側面」「意欲的側面」「情緒的側面」「社会関係的側面」の4つを測定する。

本書では、「行動的側面」における「社会的内向性」、「意欲的側面」における「達成意欲」、「情緒的側面」における「敏感性」、「社会関係的側面」から設問をピックアップして紹介する。

●性格検査の使われ方

①応募者を絞り込み、自社に有益な人材を選抜する
②面接の際の参考資料にする
③入社後の配属の参考資料にする

性格検査の4類型			
Ⅰ 行動的側面	**Ⅱ** 意欲的側面	**Ⅲ** 情緒的側面	**Ⅳ** 社会関係的側面
①社会的内向性	①達成意欲	①敏感性	①従順性
②内省性	②活動意欲	②自責性	②回避性
③身体活動性		③気分性	③批判性
④持続性		④独自性	④自己尊重性
⑤慎重性		⑤自信性	⑤懐疑思考性
		⑥高揚性	

●性格検査についての誤解

性格検査の結果のみで不採用になることは少ない。

また、設問数が多く、多角的、多面的な視点で個人の性格を評価しようとするもので、正解を要求する検査ではない。

●「四者択一」形式の設問

SPI3の性格検査は、「四者択一」形式である。この形式は、短時間で大量の設問に回答するテスト（検査）に適しており、マークシートとの相性もよい。また受検者にとっても、選択肢の幅が広く、回答しやすいというメリットがある。

下に示した2つのパターンの「四者択一」形式が導入されている。本書では、「パターン1」だけを紹介している。

【パターン1】 AとBの2つの比較から四者択一

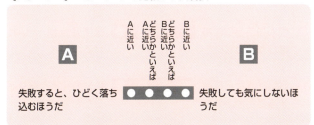

【パターン2】 1つの設問に対して四者択一

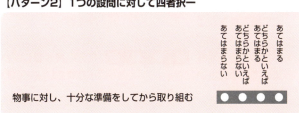

またSPI3の性格検査は、3部で構成されている（1部・3部がパターン1、2部がパターン2）。

社交的で行動的なタイプかどうかが測られる
行動的側面（社会的内向性）

解答時間 40秒

 次の設問について、自分の行動や考えにどの程度あてはまるか、最も近いものを選択肢①～④から選びなさい。

① Aに近い
② どちらかといえばAに近い
③ どちらかといえばBに近い
④ Bに近い

	A		B
(1)	休日には、家にいるほうが落ち着く	①②③④	休日には、外出することが多い
(2)	他人のことにはあまりかまわない	①②③④	面倒見がよいといわれる
(3)	言いすぎたと反省することがある	①②③④	自分の発言を振り返ることは少ない
(4)	人と打ち解けるまでに時間がかかる	①②③④	初対面であっても話が弾む
(5)	いつも冷静で落ち着いている人といわれる	①②③④	気分の良し悪しがわかりやすい人といわれる

検査結果とアピールポイント

1 「社会的内向性」を測る設問である。他者と対面したときに、積極的に自分から発信し、人間関係を構築することができるかどうかが見られる。

①が多い人（A寄りの人）⇒社会的内向性が高い

人見知り、引っ込み思案の性格といえる。

面接時のアピールポイント

「人の中心になって行動するというよりも、どちらかというと、人の気持ちを考えながら、控えめに行動するタイプです。部活動ではいつも、後輩や他の部員の声を拾って集約する、部長のサポートの役割をしてきました」などとアピールしよう。

②、③が多い人（中間の人）⇒社会的内向性が適度

時と場合に応じて自分を出せるタイプ。

面接時のアピールポイント

「その場の状況に応じて臨機応変に行動できます。100人所帯のサークルメンバーのサブリーダーをつとめました。普段はリーダーの補佐役ですが、今、この場で自分が出なければならないというときには自分の意見をはっきりと伝えてきました」などとアピールしよう。

④が多い人（B寄りの人）⇒社会的内向性が低い

積極的ではあるが、自己主張が強いとも受け取られかねない。

面接時のアピールポイント

「自分の意見をはっきりと伝えることができ、初対面でも自分から積極的に働きかけ、コミュニケーションをとることができます。社交的な両親を見て育ったこともあり、今のアルバイト先でも、初日から仲間に溶け込んで、『面白い奴』といわれました」などとアピールしよう。

SPI3

性格検査●行動的側面（社会的内向性）

仕事への意欲などが測られる

意欲的側面（達成意欲）

 次の設問について、自分の行動や考えにどの程度あてはまるか、最も近いものを選択肢①～④から選びなさい。

① Aに近い
② どちらかといえばAに近い
③ どちらかといえばBに近い
④ Bに近い

	A		B
(1)	さまざまな変化への対応は、刺激的で好きである	○ ○ ○ ○	物事が予測どおりに進んでいくことが好きである
(2)	予定表がびっしりと埋まっているほうがうれしい	○ ○ ○ ○	やることが多い日は、朝から気疲れしている
(3)	競争心が強く、人よりも前に出たいほうだ	○ ○ ○ ○	自分のペースを守りながら物事を進めたいほうだ
(4)	一つのことをやり遂げると、新たな目標を探している	○ ○ ○ ○	一つのことを着実にやり遂げることが大切だ
(5)	責任のある大きな仕事を任されてみたい	○ ○ ○ ○	今の自分の力でできる仕事を、長く着々と進めたい

検査結果とアピールポイント

1 「達成意欲」を測る設問である。高い目標を立てて、それを乗り越えるためにチャレンジ精神を発揮して取り組む姿勢（資質）があるかどうかが見られる。

①が多い人（A寄りの人）⇒達成意欲が高い

意欲的で、チャレンジ精神旺盛だが、地味な仕事が嫌いといった面もある。

面接時のアピールポイント

「目標を掲げて、それを達成するための努力を惜しみません」「チャレンジ精神が旺盛です」などとアピールしよう。

②、③が多い人（中間の人）⇒達成意欲が適度

関心のある仕事にはチャレンジ精神を発揮して取り組むが、それ以外には意欲的な姿勢が目立たない。

面接時のアピールポイント

「どんな仕事であっても、受け身でなく、自分から関心をもって取り組めば、やりがいを見いだせると思います。いつも積極的な姿勢で、苦手を克服したいと考えています」などとアピールしよう。

④が多い人（B寄りの人）⇒達成意欲が低い

意欲的な姿勢が目立たないが、結果より過程を重視する性格である。

面接時のアピールポイント

「勝ち負けにこだわり競い合うこともときには必要ですが、人と良好な関係を保ちながら、自分の役割をコツコツとではあっても、着実に遂行することが何より重要だと考えています」などとアピールしよう。

ストレスに対する感情の動きや精神の安定性などが測られる

情緒的側面（敏感性）

解答時間 40秒

 次の設問について、自分の行動や考えにどの程度あてはまるか、最も近いものを選択肢①～④から選びなさい。

① Aに近い
② どちらかといえばAに近い
③ どちらかといえばBに近い
④ Bに近い

	A		B
(1)	自分が周囲にどのように映っているかが気になる	○ ○ ○ ○	自分が周囲にどのように映っているかは気にならない
(2)	人は自分が小さな失敗をしても責めるだろう	○ ○ ○ ○	自分が少々の失敗をしても、人の態度は大きく変わらないだろう
(3)	些細なことにも緊張しやすいほうだ	○ ○ ○ ○	大抵のことには緊張しないほうだ
(4)	つい、物事のマイナス面を考えて悩むことが多い	○ ○ ○ ○	物事について、あれこれと深くは考えないほうだ
(5)	失敗をすると、引きずることが多い	○ ○ ○ ○	失敗をしてもすぐに忘れてしまうことが多い

検査結果とアピールポイント

1「敏感性」を測る設問である。神経質なため、仕事や人間関係において些細なことが気にならないか、敏感すぎて傷つきやすくはないかなどが見られる。

①が多い人（A寄りの人）⇒敏感性が高い

神経質、感受性が強い性格といえる。

面接時のアピールポイント

「周囲の状況や人の気持ちなどの細かいところに目が届きます。アルバイト先の飲食店で、フォークとナイフを使いにくそうにされていた高齢のお客様に、押しつけがましくならないよう箸を勧めたところ大変喜ばれました」などとアピールしよう。

②、③が多い人（中間の人）⇒敏感性が適度

人の気持ちもよく汲み取ることができるが、神経質というほどではない。

面接時のアピールポイント

「たとえ大勢の前で欠点を指摘されたとしても、冷静に受け止め、自分のためになることでしたら、ありがたいアドバイスとして素直に聞き入れるほうだと思います」などとアピールしよう。

④が多い人（B寄りの人）⇒敏感性が低い

鈍感、無神経、神経が太いタイプ。

面接時のアピールポイント

「友人には『おおらかで、どっしりとしている』とか『一緒にいると、小さなことが気にならなくなる』などとよくいわれます。自分でも多少のことには動じないと思っています」などとアピールしよう。

人や組織の中であらわれやすい特徴が測られる

社会関係的側面（全般）

解答時間 40秒

1 次の設問について、自分の行動や考えにどの程度あてはまるか、最も近いものを選択肢①〜④から選びなさい。

① Aに近い
② どちらかといえばAに近い
③ どちらかといえばBに近い
④ Bに近い

	A		B
(1)	集団の中で、切磋琢磨しながら成長したい	●●●●	集団の中で、自分のペースを守りたい
(2)	多くの友人をつくりたい	●●●●	何でも話せる友人をつくりたい
(3)	グループを引っぱっていくのは、自分である	●●●●	グループの中では、状況を見ながら自分の役割を決める
(4)	メンバー同士の意見の対立時には、自分も介入して解決に向かう	●●●●	メンバー同士の意見の対立時には、冷静に見守る
(5)	話し合いの中では、自分の意見をはっきりと伝える	●●●●	話し合いの中では、自分の意見を周囲に合わせていく

検査結果とアピールポイント

1 「社会関係的側面」全般について、「人間関係の構築力」を測る設問としてまとめた。人間関係の中で、困難な課題に直面したときに、どうふるまう傾向にあるかが見られる。

①が多い人（A寄りの人）⇒人間関係の構築力が高い

集団や組織の中で、積極的に人間関係を構築しながら、自分が牽引役を担うことが多いタイプ。

面接時のアピールポイント

「誰とでもすぐに打ち解け、集団の中では、常に中心になってリードすることが多いです。部活動のメンバーからは『影響力がある』といわれています」などとアピールしよう。

②、③が多い人（中間の人）⇒人間関係の構築力が適度

その場の状況を冷静に見ながら、それに合わせた対応を決めるタイプ。

面接時のアピールポイント

「状況に応じて臨機応変に対応することができます。部活動でも、特に役職についてはいませんでしたが、必要なときには、自分から他のメンバーを引っぱることもありました」などとアピールしよう。

④が多い人（B寄りの人）⇒人間関係の構築力が低い

集団や組織の中では、自分の意見があっても控えることが多いタイプ。

面接時のアピールポイント

「集団の中では調和を大切にするほうです。部活動で、メンバー同士の意見が対立したときなど、うまくまとまるよう調整役を任されたことがあります」などとアピールしよう。

93

複数の文章の構造を分析し、分類する

構造的把握力検査

●構造的把握力検査とは

企業側が任意に選べるSPIのオプション検査のひとつで、「ものごとの背後にある共通性や関係性を構造的に把握する力」を測定するとされる。構造的把握力は、企業に入って非常に重要視される。たとえば、何か仕事上でトラブルが生じた場合、特定の個人ではなく、構造そのものの欠陥に起因することも多く、適切な解決方法を見つけるためには構造的把握力が不可欠だからだ。

●構造的把握力検査の問題形式

構造的把握力検査は、複数の文章が与えられ、それぞれの文章の構造を分析し、分類することで測定される。

問題形式は2パターン。

①4つの算数の文章題から構造が似たものを2つ選ぶ

たとえば、4つの文章題のうち、鶴亀算が2つ、あとは仕事算と濃度算であれば、鶴亀算を選ぶ。文章題を解いて答えるのではなく、それぞれの文章がどのような構造かを見抜くことが重要。

②5つの文章を似た構造のグループに分ける

前後の文がどのような関係でつながっているかを見抜く。因果関係を表しているのか、結論とその具体的な説明になっているのかなどを考える必要がある。

この問題形式に関しては、次ページの練習問題で実際に解いてみよう。

1 次の2つの文からなるア～オを、その関係性の違いによってP（2つ）とQ（3つ）に分ける。そのとき、Pに分類されるものはどれか、下の選択肢A～Jで答えなさい。

解答時間 1分

- ア　連日、猛暑が続いた。夏バテする人が増えた。
- イ　試験には合格しそうにない。勉強時間が足りなかった。
- ウ　輸入品の価格が高くなりそうだ。円安が進んでいるからだ。
- エ　虫歯が減っている。歯磨きの習慣を徹底したからだ。
- オ　練習時間を大幅に増やした。大会で優勝した。

A アとイ	B アとウ	C アとエ	D アとオ
E イとウ	F イとエ	G イとオ	H ウとエ
I ウとオ	J エとオ

解答と解説

1 正解：D

ア～オの文章は、何らかの事象（結果）とその原因を表している（原因）。ここでは原因と結果の「記述の順序」に着目しよう。

アとオは「原因（要因）」が先に述べられ、続いて「結果」が述べられている。〈原因→結果〉

イ・ウ・エは「結果（判断）」が先に述べられ、次に「原因（要因）」が述べられている。〈結果→原因〉

Pに分類されるのは、アとオの2つになる。
したがって、正解はD

C O L U M N
テストセンターとは

テストセンター方式によるSPI3を使う企業もある。これは受検専用会場（テストセンター）に出向いて、そこに設置されたパソコンを使ってテストを受けるというもの（性格検査は、事前に自宅等で受検する）。

エントリーした企業から「○日までにテストセンターで受検してください」などと指示されることもあるだろう。都合のよい日時・会場の空席状況を調べて、期間内に受検する。

この方式に22年からオンライン会場が加わり、実質自宅等での受検が可能になった。オンラインで監督者と接続し受検するものだ。

テストセンター方式の内容と実施時間は次のようになっている。紙ベースのSPIと比べるとテスト時間が短い。

①能力検査（非言語・言語）→約35分

②性格検査→約30分

また、09年から英語能力検査がセットになったテストが、13年から構造的把握力検査がセットになったテストができており、企業によっては出題が予想される。

会場は、全国7都市（東京、大阪、名古屋、札幌、仙台、広島、福岡）にリアル会場とオンライン会場が常設されている。また、受検が集中する新卒採用のピーク時期には、全国各地に臨時会場が設けられる。

なお、SPI3は実施形態が多様であり、テストセンター方式のほかにも、受検者の都合のよい時間・場所で受検するWEBテスティングや、企業内のパソコンで受検するインハウスCBTといった方式もある。

PART 2
CAB·GAB

紙ベースより難度の高いWebCABのレベルに
本書の問題は対応している。
なお、GABにはテストセンター方式（C-GAB plus）もある。
（試験時間は例題込みで45分。計数29問15分、言語32問15分、
英語24問10分、性格検査は事前にWebで受験）
C-GAB plusの計数、言語は紙ベースのものと似た内容なので、
しっかり練習して点数を上げよう。
また、C-GAB plusでは企業により自宅で受験する
オンライン監視型Web会場が用意されている。
2018年からCABでもテストセンター方式（C-CAB）が
実施されている。（性格検査は事前にWebで受験）

CAB	98
暗算・四則演算	98
法則性	102
命令表	110
暗号	120

GAB	128
計数	128
言語	138

制限時間内で計算の正解を見つける

暗算・四則演算

① 分数での割り算は逆数でのかけ算
② 四捨五入や切り捨てなどで計算しやすい数にして概算する

 次の計算を行い、正しい答えを選択しなさい。

(1) 206×194＝
A 39964　B 40996　C 29964
D 39954　E 49954

(2) 98×102＝
A 9196　B 10006　C 9986
D 99996　E 9996

(3) 5628÷$\frac{1}{4}$＝
A 1047　B 5632　C 22512
D 23512　E 22412

(4) 28.17+24.86＝
A 52.93　B 52.03　C 53.03　D 3.31
E 33.1

(5) 0.4÷0.75＝
A 0.23　B 1.5　C $\frac{3}{10}$　D $\frac{8}{15}$
E 0.43

解答と解説

やや時間はかかるが、まずは正確に計算してみよう。

1 (1) **正解：A**　ここではカッコを用いて、キリのよい数字の和と差の積にして計算してみる（因数分解）。筆算を行うより計算が楽に感じる人もいるだろう。

$$206×194=(200+6)×(200-6)$$
$$=200×200-200×6+6×200-6×6$$
$$=40000-1200+1200-36$$
$$=39964となるのでA$$

(2) **正解：E**　$98×102=(100-2)×(100+2)$
$$=100×100+100×2-2×100-2×2$$
$$=10000+200-200-4=9996となるのでE$$

(3) **正解：C**　$5628÷\dfrac{1}{4}=5628×4$

（分数での割り算は逆数でのかけ算）
$$=(5000+600+20+8)×4$$
$$=5000×4+600×4+20×4+8×4$$
$$=20000+2400+80+32=22512となるのでC$$

(4) **正解：C**　$28.17+24.86=53.03$となるのでC

(5) **正解：D**　$0.4=\dfrac{2}{5}$、$0.75=\dfrac{3}{4}$だから、

分数での割り算は逆数でのかけ算であることを用いて、

$$0.4÷0.75=\dfrac{2}{5}÷\dfrac{3}{4}=\dfrac{2}{5}×\dfrac{4}{3}$$

$$=\dfrac{8}{15}となるのでD$$

暗算・四則演算

2 □に入る数値として正しいものを選択肢から1つ選びなさい。

(1) 52＋34＝□－19
A 92　B 125　C 105　D 87
E 111

(2) 15×□＝2.5×3
A 1.5　B 0.25　C 0.4　D 0.5
E 1.05

(3) 300の□％＝117
A 28　B 45　C 65　D 17　E 39

(4) 0.5×□＝50÷0.4
A 125　B 250　C 10　D 25
E 200

(5) $0.6 \div \square = \dfrac{3}{40}$
A 20　B 8　C 16　D 0.125
E 0.045

(6) 6÷□＝9÷0.45÷5
A 0.5　B 24　C 1.5　D $\dfrac{2}{3}$　E 3

(7) $4 \div \dfrac{25}{4} = \square \times \square$ （□には同じ数値が入る）
A 5　B 0.4　C 4　D 8　E 0.8

100

解答と解説

ここからはWebCABのレベル。ちょっと難しいが、がんばって解こう。

2 **(1) 正解：C** 右辺の－19を左辺に移項して52＋34＋19＝□と考えて計算するとよい。移項の際＋－が逆になることに注意。

(2) 正解：D ×□の問題は左辺の×15を右辺に移し逆の÷15と考えて計算する。 □＝2.5×3÷15＝0.5

(3) 正解：E ％の問題は117÷300＝0.39＝39％と計算する。

(4) 正解：B 問題（2）と同様に0.5を右辺に移し□＝50÷0.4÷0.5＝250と考えるとよい。また右辺の50÷0.4＝125を先に計算して125÷0.5＝250としてもよい。

(5) 正解：B $\frac{3}{40}$＝0.075を計算する。0.6÷□＝0.075であるから□＝0.6÷0.075＝8で計算。間違えて□＝0.075÷0.6＝0.125としないようにする。しっかり確認して検算（0.6÷8＝0.075）もするとよい。

(6) 正解：C 右辺の9÷0.45÷5＝4を計算する。6÷□＝4であるから□＝6÷4＝1.5で計算。問題（5）と同様に□＝4÷6としないようにする。

(7) 正解：E □に同じ数値が入る問題。左辺を4×$\frac{4}{25}$と変化させ $\frac{16}{25}$＝0.64を計算する。次に同数のかけ算で0.64になる（64で考えるとよい）0.8を導く。

並べられた図形から、並び方の法則を読み取る

法則性

① 隣同士の図形をよく見比べて変化を読み取る
② 2つから3つの法則の合成も考えてみる

1 ある法則に従って図形が並ぶように、A〜Eからあてはまる図形を選びなさい。

(1)

(2)
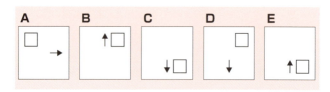

解答と解説

C A B

● **法則性**

1 **(1) 正解：E**　法則は3つ。第1は、**矢の位置が時計回りに90度ずつ移動。**第2は、**矢の向きが反時計回りに90度ずつ回転。**

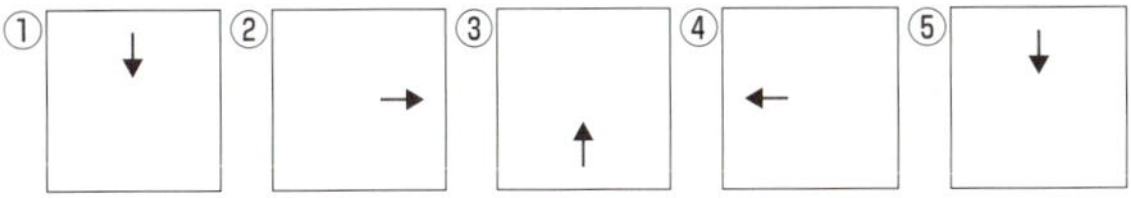

①	②	③	④	⑤
↓	→	↑	←	↓

第3は、**小さい四角形が反時計回りに四隅を移動している。**

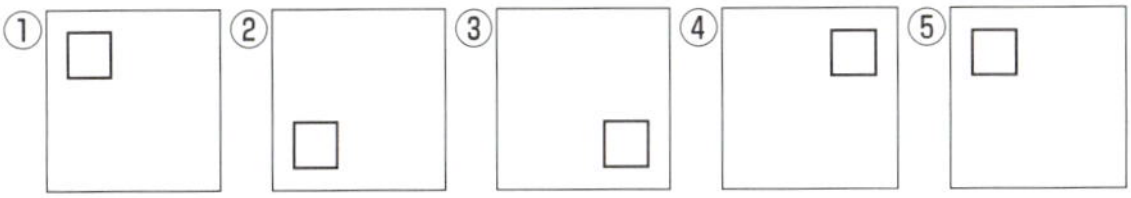

以上を合成すると③番目は次の図形となる。

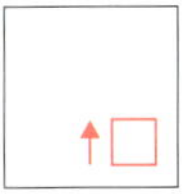

(2) 正解：E　法則は3つ。第1は、**左上の×は反時計回りに四隅の角に移動。**第2は、**真ん中は○と×が交互に変化している。**

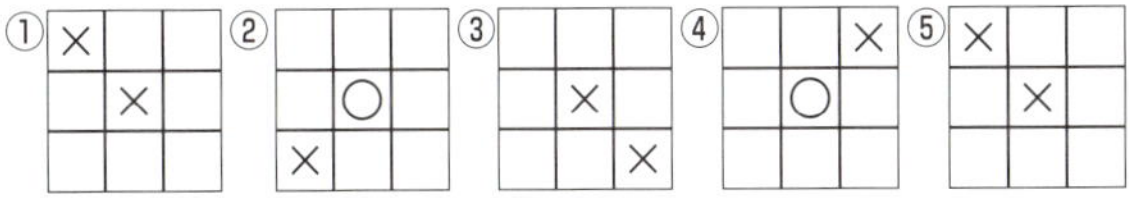

第3は、**真ん中の上の×は反時計回りに1コマずつ移動している。**

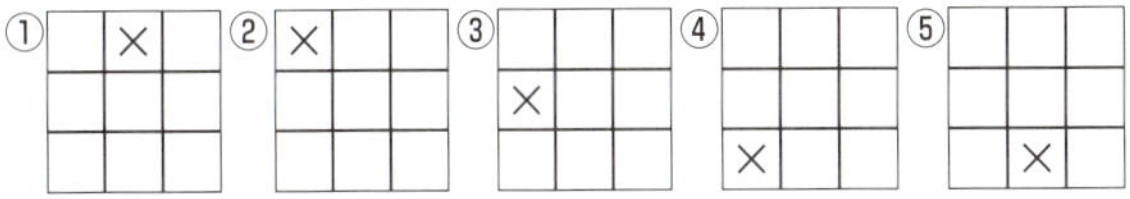

以上を合成すると②番目は次の図形となる。

103

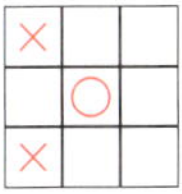

法則性

2 ある法則に従って図形が並ぶように、A〜Eからあてはまる図形を選びなさい。

(1)

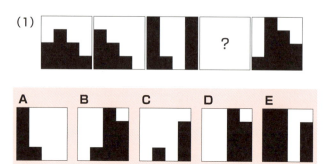

(2)

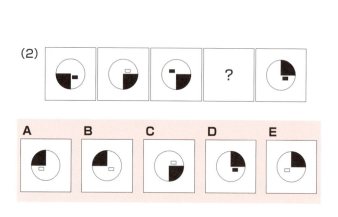

解答と解説

2 (1) 正解：D 法則は4つ。第1は、一番左の図形は4分の1ずつ増加。第2は、左から2番目の図形は4分の1ずつ減少。第3は、左から3番目の図形も4分の1ずつ減少。第4は、一番右の図形も4分の1ずつ減少を繰り返している。

以上を合成すると④番目は次の図形となる。

(2) 正解：E 法則は3つ。第1は、四角形は黒白と点滅。第2は、四角形は円の中を反時計回りに90度ずつ回転している。

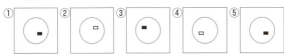

第3は、扇形は2回ずつで反時計回りに90度ずつ回転している。

以上を合成すると④番目は次の図形となる。

法則性

3 ある法則に従って図形が並ぶように、A〜Eからあてはまる図形を選びなさい。

(1)
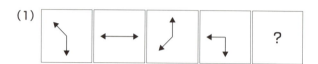

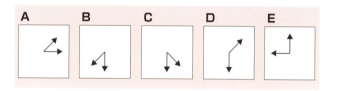

(2)
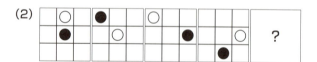

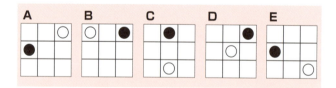

解答と解説

3 (1) 正解：C 法則は2つ。第1は、最初に下を指していた針が反時計回りに90度ずつ回転している。

第2は、最初に左斜め上を指していた針が反時計回りに45度ずつ回転している。

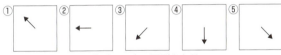

以上を合成すると⑤番目は次の図形となる。

(2) 正解：C 法則は1つ。黒丸が以前あった場所に、白丸が移動する。

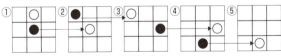

以上より、⑤番目は次の図形となる。

法則性

ある法則に従って図形が並ぶように、A〜Eからあてはまる図形を選びなさい。

(1)

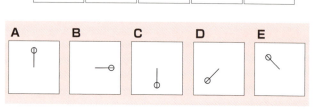

(2)
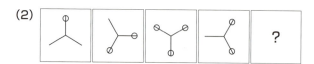

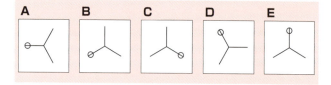

解答と解説

4 (1) 正解：B 法則は１つ。右から左に見ていくとわかりやすい。⑤から④は時計回りに45度回転。④から③は90度、③から②は180度回転している。要するに、前の回転の角度を２倍した角度を回転している。

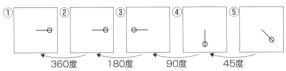

以上より、①番目は次の図形となる。

(2) 正解：B 法則は２つ。第１は、120度からなる直線３本が、時計回りに90度ずつ回転している。

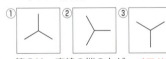

第２は、直線の端の丸が、イロハの順で付き、そして、とれていく。

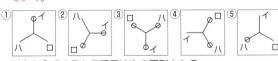

以上を合成すると⑤番目は次の図形となる。

記号が意味する命令に従って図形を変化させる

命令表

これだけ覚える!
① 規則に従って図形を**順序**よく変化させる
② **記号の意味**をその都度確認する

この命令表に従って変化させると、112ページからの図形はどのようになるか。

1 …上下を反転させる

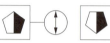

2 …左右を反転させる

3 Ⓢ …上の図形と入れ替える

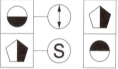

4 …上の図形を消去する

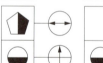

5 …下の図形を消去する

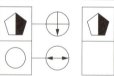

6 …上の命令を取り消す

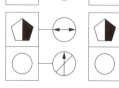

110

7  …下の命令を取り消す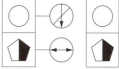

8  …図形の順序を入れ替える

9  …図形の順序を入れ替える

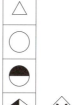

10  …図形の順序を入れ替える

命令表

1
下の図形を命令に従って変化させるとどのようになるか。適切なものをA〜Eから選びなさい。

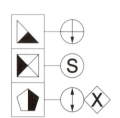

A	B	C	D	E

命令記号の意味

解答と解説

1 正解：C

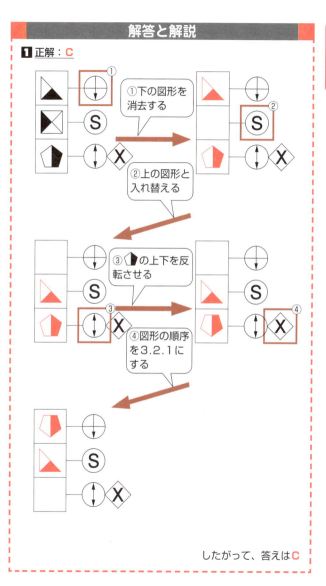

したがって、答えは C

命令表

2 下の図形を命令に従って変化させるとどのようになるか。適切なものをA〜Eから選びなさい。

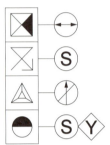

A　　B　　C　　D　　E

命令記号の意味	…上下を反転させる	…左右を反転させる
Ⓢ …上の図形と入れ替える	…上の図形を消去する	…下の図形を消去する
…上の命令を取り消す	…下の命令を取り消す	
◇X…図形の順序を入れ替える 上から1.2.3.4 上から4.3.2.1	◇Y…図形の順序を入れ替える 上から1.2.3.4 上から2.1.4.3	◇Z…図形の順序を入れ替える 上から1.2.3.4 上から3.4.1.2

解答と解説

2 正解：**A**

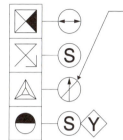

まず、⊘（上の命令を取り消す）があることに着目し、最初の段階でこの上の命令、つまり、Ⓢ（上の図形と入れ替える）を削除する。

すると実際には、
3つの命令を行うだけになる。

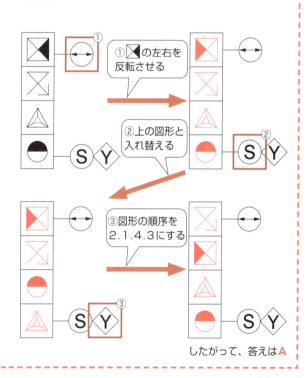

したがって、答えは**A**

命令表

3 下の図形を命令に従って変化させるとどのようになるか。適切なものをA～Eから選びなさい。

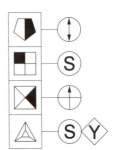

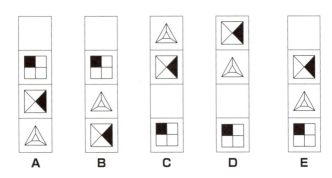

A	B	C	D	E

 …上下を反転させる …左右を反転させる

S …上の図形と入れ替える …上の図形を消去する …下の図形を消去する

 …上の命令を取り消す …下の命令を取り消す

X …図形の順序を入れ替える
上から1.2.3.4
上から4.3.2.1

Y …図形の順序を入れ替える
上から1.2.3.4
上から2.1.4.3

Z …図形の順序を入れ替える
上から1.2.3.4
上から3.4.1.2

解答と解説

3 正解：A

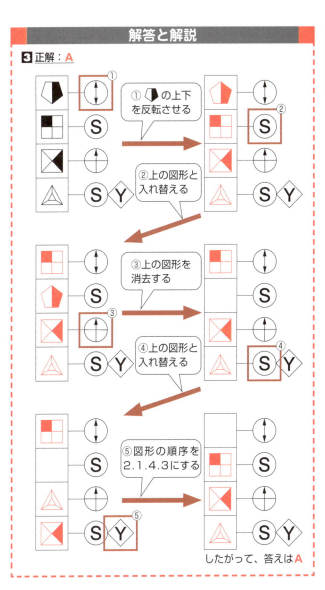

したがって、答えは **A**

命令表

  下の図形を命令に従って変化させるとどのようになるか。適切なものをA～Eから選びなさい。

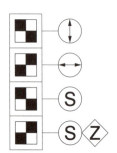

	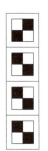		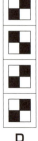	
A	B	C	D	E

命令記号の意味

 …上下を反転させる
 …左右を反転させる
 …上の図形と入れ替える
 …上の図形を消去する
 …下の図形を消去する
 …上の命令を取り消す
 …下の命令を取り消す

 …図形の順序を入れ替える 上から1.2.3.4 上から4.3.2.1
…図形の順序を入れ替える 上から1.2.3.4 上から2.1.4.3
…図形の順序を入れ替える 上から1.2.3.4 上から3.4.1.2

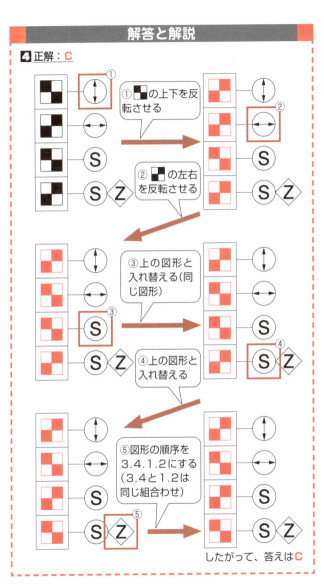

図形の変化から、それぞれの暗号の意味を読み取る
暗号

① 図形の変化を分析し、**可能性**を列挙してみる
② **共通する変化**に着目する

1 下の図は暗号に基づく変化である。暗号の意味を解読し、(1)～(3)において「?」に入るものを選択肢から選びなさい。なお、変化は同種の矢印の方向にのみ進むものとする。

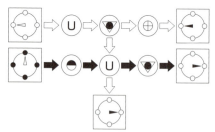

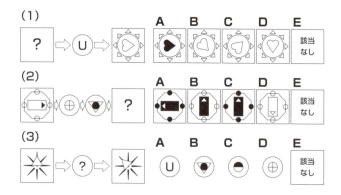

解答と解説

1 正解：(1) C (2) B (3) D

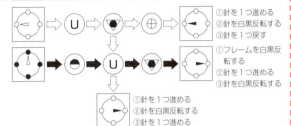

問題の図をアナログ式の体重計のような計測器にたとえると、⊖Ⓤ⊛では針が1目盛り、Ⓤ⊛Ⓤでは針が2目盛り進んでいることから、Ⓤが「針を1つ進める」とわかる。そうすると⊛が「針を白黒反転する」とわかる。以上から、⊕は「針を1つ戻す」ことになり、⊖は「フレームを白黒反転する」とわかる。

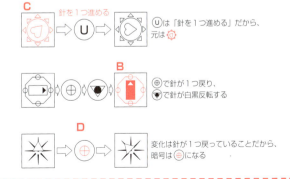

暗号

2 下の図は暗号に基づく変化である。暗号の意味を解読し、(1)～(3)において「?」に入るものを選択肢から選びなさい。なお、変化は同種の矢印の方向にのみ進むものとする。

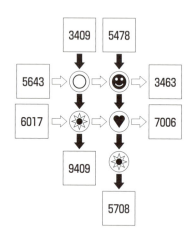

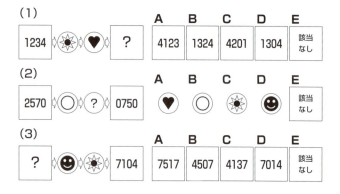

解答と解説

2 正解：(1) C　(2) D　(3) D

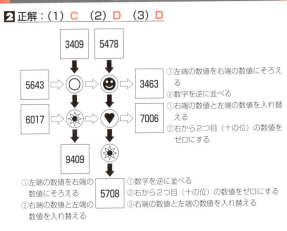

○は縦・横で共通の「左端の数値を右端の数値にそろえる」とわかる。横列5643で3643に変化した数値が逆並びに3463になっており、☺は「数字を逆に並べる」とわかる。♥は縦・横で共通の「十の位をゼロにする」とわかり、縦列5478が☺と♥で8705となり、それが5708となっているので、✹は「右端と左端の数値を入れ替える」ということがわかる。

暗号

下の図は暗号に基づく変化である。暗号の意味を解読し、(1)〜(3)において「?」に入るものを選択肢から選びなさい。なお、変化は同種の矢印の方向にのみ進むものとする。

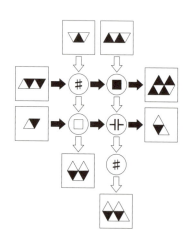

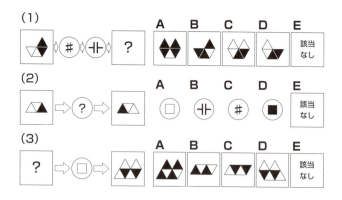

解答と解説

3 正解：(1) D　(2) B　(3) C

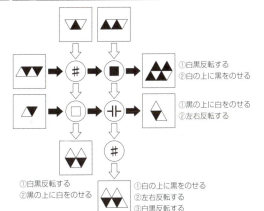

一番単純な□⇔は、黒三角の上に逆向きに白三角がのっている。そして左右が反転（白黒反転ではない）している。#□は、最終結果は黒三角の上に白三角がのっていることから、共通の□が「黒の上に白をのせる」とわかる。よって、#で白黒反転させ、いったん▼▼にして、その上に白をのせ△△になる。#■は、白黒反転でいったん▲▲にして、白の上に黒をのせて▲▲になる。⇔は「左右反転」。

暗号

  下の図は暗号に基づく変化である。暗号の意味を解読し、(1)～(3)において「?」に入るものを選択肢から選びなさい。なお、変化は同種の矢印の方向にのみ進むものとする。

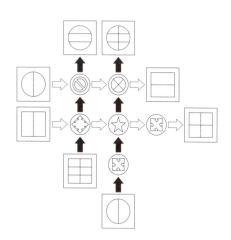

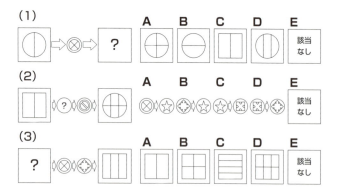

解答と解説

4 正解：(1) **B** (2) **C** (3) **C**

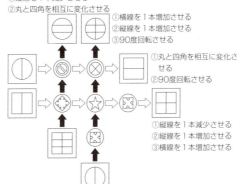

◎は縦・横で共通の「丸と四角を相互に変化させる」とわかる。⊗は横列で図形を「90度回転させる」とわかる。✤は縦列で「縦線を1本減少させる」とわかる。図形◯は縦列で横線が2本増加したように見えるが、⊗により90度回転しており、直前は⊞であり、縦線・横線は1本ずつ増えている。⊠（あるいは☆）が「横線を1本増加させる」、☆（あるいは⊠）が「縦線を1本増加させる」とわかる。

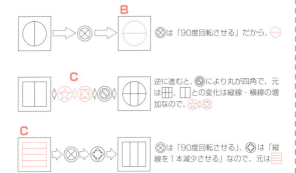

与えられた複数の表から、適切な表を用いて問題に答える

計数

 問題文にある**単語**と**表の項目**に使われている単語に注意して、**どの表を使うか**を判断する

次の計数表を用いて、130ページからの問題に答えなさい。

表1. 米の生産量、作付面積

	面積（百万ha）	収量（t/ha）	生産量（百万t）
A国	95.9	2.42	232
B国	79.8	5.18	413
C国	56.8	6.85	389
D国	40.5	1.88	76

表2. ある年のZ県の人口、世帯数

	総数（人）	男（人）	女（人）	世帯（世帯）
A市	710,944	345,669	365,275	274,288
B市	260,709	125,869	134,840	100,523
C市	208,940	102,528	106,412	83,608
D市	241,295	117,272	124,023	90,157

表3. 遊園地別入場者数の推移 (単位：人)

	2XX5年	2XX6年	2XX7年	2XX8年	2XX9年
遊園地A	1,543,700	1,603,550	1,741,200	2,153,400	2,216,000
遊園地B	927,000	871,600	844,750	965,000	767,000
遊園地C	563,500	615,500	636,009	571,225	785,850
遊園地D	803,800	909,450	835,550	964,950	812,470
遊園地E	831,300	674,800	630,500	526,600	625,500
遊園地F	634,859	566,900	1,018,000	702,200	1,064,000

表4. ある試験の科目別受験者数と平均点 （単位：人・点）

	2XX4年		2XX5年		2XX6年	
	受験者数	平均点	受験者数	平均点	受験者数	平均点
科目A	459,764	70.10	448,595	58.01	425,588	53.58
科目B	179,486	55.85	167,394	62.18	153,173	58.98
科目C	286,946	66.40	374,733	63.45	371,416	50.71
科目D	155,172	51.73	152,840	62.85	144,940	73.02
科目E	548,574	68.71	544,987	63.87	527,086	55.72
合計	1,629,942	—	1,688,549	—	1,622,203	—

	2XX7年		2XX8年		2XX9年	
	受験者数	平均点	受験者数	平均点	受験者数	平均点
科目A	424,151	56.46	433,821	51.02	456,954	56.34
科目B	149,251	61.74	147,956	55.26	154,867	58.71
科目C	369,765	73.68	336,387	68.89	344,197	59.22
科目D	151,224	70.12	149,677	72.81	151,576	61.01
科目E	528,818	59.81	535,152	55.35	549,224	54.84
合計	1,623,209	—	1,602,993	—	1,656,818	—

表5. A国の対B国輸出入額の推移 （単位：100万ドル）

	2XX5年	2XX6年	2XX7年	2XX8年	2XX9年
輸出	551.7	958.0	1,075.7	1,249.6	1,880.3
輸入	709.6	1,000.2	1,052.9	1,142.2	1,358.7
貿易収支	−157.9	−42.2	22.8	107.4	521.6

表6. 家電会社別テレビの世界生産、国内生産の台数 （単位：台）

	A社	B社	C社	D社	E社
世界生産	8,534,690	3,911,813	3,431,398	2,596,179	1,411,975
国内生産	1,587,335	621,884	720,973	676,246	226,915

計数

1 128〜129ページの6つの表のどれかを用いて、次の(1)〜(5)の問題に答えなさい。

(1) 世帯あたりの人数が一番多いのは何市か。
   A　A市　　B　B市　　C　C市　　D　D市
   E　該当なし

(2) A国のB国からの輸入額に対する輸出額の割合が一番多いのは何年か。
   A　2XX5年　　B　2XX6年　　C　2XX7年
   D　2XX8年　　E　2XX9年

(3) 米の総収穫量が一番多い国はどれか。
   A　A国　　B　B国　　C　C国　　D　D国
   E　A国とC国

(4) 次のうち、科目Dの受験者数の割合が最も多いのは何年か。
   A　2XX4年　　B　2XX5年　　C　2XX6年
   D　2XX7年　　E　2XX8年

(5) A国の2XX9年の貿易収支は2XX7年のおよそ何倍か。
   A　22.9倍　　B　22.7倍　　C　22.5倍
   D　22.3倍　　E　22.1倍

解答と解説

1 (1) **正解：D**　表2を用いて、それぞれの市別に総数を世帯数で割り、その値が一番大きい市が正解となる。
A市…710,944÷274,288≒2.59（人／世帯）
B市…260,709÷100,523≒2.59
C市…208,940÷83,608≒2.50
D市…241,295÷90,157≒2.68

(2) **正解：E**　表5を用いて、輸出額を輸入額で割った値を見比べて、その値が一番大きい年が正解となる。
2XX5年…551.7÷709.6≒0.77
2XX6年…958.0÷1,000.2≒0.96
2XX7年…1,075.7÷1,052.9≒1.02
2XX8年…1,249.6÷1,142.2≒1.09
2XX9年…1,880.3÷1,358.7≒1.38
（2XX5年、2XX6年は貿易収支がマイナスのため計算を省略可）

(3) **正解：B**　表1を用いる。総収穫量を問われているが、表の収量が単位面積あたりなので、面積×収量の値、つまり生産量が最大の国が正解となる。
A国…232（百万t）　B国…413　C国…389　D国…76

(4) **正解：A**　表4を用いて、年別で科目Dの受験者数を合計の受験者数で割った値が最大の年が正解となる。
2XX4年…155,172÷1,629,942≒0.095
2XX5年…152,840÷1,688,549≒0.091
2XX6年…144,940÷1,622,203≒0.089
2XX7年…151,224÷1,623,209≒0.093
2XX8年…149,677÷1,602,993≒0.093

(5) **正解：A**　表5を用いる。2XX9年の貿易収支を2XX7年の貿易収支の値で割る。521.6÷22.8≒22.9

G
A
B

●**計数**

計数

2 128〜129ページの6つの表のどれかを用いて、次の(1)〜(5)の問題に答えなさい。

(1) 単位面積あたりの米の生産量が一番多いのはどの国か。
   A A国   **B** B国   **C** C国   **D** D国
   E A国とC国

(2) 2XX4年の難易度が一番低かった科目の平均点は、2XX6年の難易度が一番高かった科目の平均点のおよそ何倍か。
   A 1.38倍   **B** 1.58倍   **C** 1.28倍
   D 1.19倍   **E** 1.06倍

(3) B国のA国からの輸入額に対する輸出額が一番少なかったのは何年か。
   A 2XX5年   **B** 2XX6年   **C** 2XX7年
   D 2XX8年   **E** 2XX9年

(4) D社の世界生産は、A社の世界生産の約何%か。
   A 10.5%   **B** 30.4%   **C** 11.8%
   D 60.8%   **E** 35.4%

(5) 科目Eの受験者数が前年比で最低になったのはいつか。
   A 2XX4〜2XX5年   **B** 2XX5〜2XX6年
   C 2XX6〜2XX7年   **D** 2XX7〜2XX8年
   E 2XX8〜2XX9年

解答と解説

2 (1) 正解：C　表1を用いる。単位面積あたりの米の生産量だから、表にある収量が一番大きい国を答えればよい。

A国…2.42　B国…5.18　C国…6.85　D国…1.88

(2) 正解：A　表4を用いる。難易度が高いほど平均点は低く、難易度が低いほど平均点が高いと考える。2XX4年で難易度が一番低かったのは科目Aで、平均点は70.10。2XX6年で難易度が一番高かったのは科目Cで、平均点は50.71。

70.10÷50.71≒1.38

(3) 正解：E　表5を用いる。B国のA国からの輸入額に対する輸出額は、A国から見ると、輸出額に対する輸入額だから、年別で輸入額を輸出額で割った値を見比べる。

2XX5年… 709.6÷ 551.7≒1.29
2XX6年…1,000.2÷ 958.0≒1.04
2XX7年…1,052.9÷1,075.7≒0.98
2XX8年…1,142.2÷1,249.6≒0.91
2XX9年…1,358.7÷1,880.3≒0.72

（2XX5年、2XX6年は貿易収支がプラスのため計算を省略可）

(4) 正解：B　表6を用いて、D社の世界生産をA社の世界生産で割った値を百分率で求める。

2,596,179÷8,534,690×100≒30.4%

(5) 正解：B　表4を用いて、科目Eの受験者数の前年比を見比べる。

2XX4～2XX5年…544,987÷548,574≒0.99
2XX5～2XX6年…527,086÷544,987≒0.97
2XX6～2XX7年…528,818÷527,086≒1.00
2XX7～2XX8年…535,152÷528,818≒1.01
2XX8～2XX9年…549,224÷535,152≒1.03

（2XX7年、2XX8年、2XX9年は増加しており計算を省略可）

計数

3 128～129ページの6つの表のどれかを用いて、次の(1)～(5)の問題に答えなさい。

(1) 世界生産に対する国内生産が一番多い家電会社はどこか。
  A A社　　**B** B社　　**C** C社　　**D** D社
  E E社

(2) 米の収量に対する生産量が一番多い国はどれか。
  A A国　　**B** B国　　**C** C国　　**D** D国
  E 該当なし

(3) 人口に対する女性の割合が一番多いのは何市か。
  A A市　　**B** B市　　**C** C市　　**D** D市
  E 該当なし

(4) 遊園地Fが遊園地Eの入場者数を初めて追い越した年の遊園地Fの入場者数は遊園地Eのおよそ何倍か。
  A 1.2倍　　**B** 1.6倍　　**C** 2.0倍　　**D** 2.4倍
  E 2.8倍

(5) C社の国内生産率はA社のおよそ何%か。
  A 89%　　**B** 220%　　**C** 163%　　**D** 113%
  E 45%

解答と解説

3 (1) **正解：D** 表6を用いて、各社ごとに国内生産を世界生産で割った値を見比べる。

A社…1,587,335÷8,534,690≒0.19

B社… 621,884÷3,911,813≒0.16

C社… 720,973÷3,431,398≒0.21

D社… 676,246÷2,596,179≒0.26

E社… 226,915÷1,411,975≒0.16

(2) **正解：A** 表1を用いて、生産量を収量で割った値を見比べる。単位に着目すると、（生産量）÷（収量）の単位は（百万t）÷（t/ha）＝（百万ha）となるので、面積が一番大きい国が正解となる。

(3) **正解：B** 表2を用いる。女性の人口を総数で割った値が一番多い市を答える。

A市…365,275÷710,944≒0.514

B市…134,840÷260,709≒0.517

C市…106,412÷208,940≒0.509

D市…124,023÷241,295≒0.514

(4) **正解：B** 表3を用いて、2XX7年の遊園地Fの入場者数を遊園地Eの入場者数で割った値を答える。

1,018,000÷630,500≒1.61

(5) **正解：D** 表6を用いて、まずA社とC社の国内生産率（国内生産÷世界生産×100）を計算する。

A社…1,587,335÷8,534,690×100≒18.6%

C社… 720,973÷3,431,398×100≒21.0%

C社の国内生産率÷A社の国内生産率×100が答えとなる。

21.0÷18.6×100≒112.9

G
A
B

● 計数

135

計数

4 128〜129ページの6つの表のどれかを用いて、次の(1)〜(5)の問題に答えなさい。

(1) 遊園地Aの入場者数が前年比で一番大きいのはいつか。
  A 2XX5〜2XX6年　　B 2XX6〜2XX7年
  C 2XX7〜2XX8年　　D 2XX8〜2XX9年
  E 答えられない

(2) 2XX8年の遊園地Cの入場者数は遊園地Dのおよそ何%か。
  A 50%　B 60%　C 70%　D 80%
  E 90%

(3) 1世帯あたりの男性の人数が一番多いのは何市か。
  A A市　B B市　C C市　D D市
  E 該当なし

(4) 米の生産量に対する面積が一番大きい国はどこか。
  A A国　B B国　C C国　D D国
  E 該当なし

(5) A国のB国への輸出額が前年比で一番低いのはいつか。
  A 2XX5〜2XX6年　　B 2XX6〜2XX7年
  C 2XX7〜2XX8年　　D 2XX8〜2XX9年
  E 該当なし

解答と解説

4 **(1) 正解：C** 表3を用いて、年ごとの遊園地Aの入場者数の前年比を計算して、一番多い年を答える。

2XX5～2XX6年…1,603,550÷1,543,700≒1.04
2XX6～2XX7年…1,741,200÷1,603,550≒1.09
2XX7～2XX8年…2,153,400÷1,741,200≒1.24
2XX8～2XX9年…2,216,000÷2,153,400≒1.03

(2) 正解：B 表3を用いる。
(2XX8年の遊園地Cの入場者数)÷(2XX8年の遊園地Dの入場者数)×100を計算する。

571,225÷964,950×100＝59.197…≒60(%)

(3) 正解：D 表2を用いる。男性の人口を世帯数で割った値が一番多い市が正解となる。

A市…345,669÷274,288≒1.26
B市…125,869÷100,523≒1.25
C市…102,528÷ 83,608≒1.23
D市…117,272÷ 90,157≒1.30

(4) 正解：D 表1を用いて、面積÷生産量の値が一番大きい国を答える。単位に着目すると、(百万ha)÷(百万 t)＝(ha/t)となり、収量の逆数であることがわかり、収量が一番小さい値のD国が答えとわかる。

(5) 正解：B 表5を用いて、年ごとの輸出額の前年比を計算して、一番少ない年を答える。

2XX5～2XX6年…958.0÷551.7≒1.74
2XX6～2XX7年…1,075.7÷958.0≒1.12
2XX7～2XX8年…1,249.6÷1,075.7≒1.16
2XX8～2XX9年…1,880.3÷1,249.6≒1.50

長文を読んで論理的に把握する力が問われる

言語

これだけ覚える!
① 一般論や常識によって答えない。論拠は本文に直接述べられている内容に求める
② 設問文を頭に入れてから長文を読む

1 以下の長文を読んで、設問文1つ1つについてA・B・Cのいずれに該当するかを判断し、丸で囲みなさい。

　日本産業規格によれば、騒音は「望ましくない音。たとえば音声、音楽などの伝達を妨害したり、耳に苦痛、傷害を与えたりする音」と定義される。大きい音は、耳に苦痛を与えたり、聴力障害を起こす危険性があるため、おおむね騒音になり、また小さな音の場合にも、音楽や人の話を聞こうとする人にとって邪魔になる音は騒音である。公害・環境騒音の立場からは、ない方がよい音を騒音とするのが一般的で、個々の人が聞くことを望むか否かという心理状態によって決まる。この観点から、騒音には、大部分の人にとって騒音である工場騒音、航空機騒音、道路交通騒音などと、CDやテレビ・ラジオの音、カラオケの音、移動販売車や廃品回収車などの拡声音、楽器の演奏音、子どもやペットの声など、少なくとも音の発生原因者にとっては騒音ではない音がある。前者は公害騒音、後者は近隣騒音または生活騒音と分類される。

　自分では騒音という意識がなくても、他の人がうるさいと感じれば騒音であり、この意味ではすべての音が騒音とされる可能性を含み、音はすべて潜在的騒音である。常に周囲に気配りをし、騒音を減少させて静かな環境を作るこ

とが基本である。また一般に、騒音の発生責任者に対して好意を抱いている場合は不快さが減少するものなので、生活騒音問題の解決は騒音そのものに対する注意とともに、日ごろから近隣とのコミュニケーションを持つことがカギになる。

A：本文の内容から、明らかに正しいといえる、または正しい内容が含まれている。
B：本文の内容から、明らかに間違っている、または間違った内容が含まれている。
C：本文の内容からは、正しいか間違っているかは判断できない。

（1）道路工事の音は、近隣住民にとっては生活騒音の一種である。

（2）すべての音は、他者にとって騒音になる可能性がある。

（3）騒音問題は、近隣騒音より公害騒音のほうが解決は困難である。

（4）発生元に対する好意があれば、騒音の不快さは軽減する。

(1)	A・B・C	(2)	A・B・C
(3)	A・B・C	(4)	A・B・C

言語

解答と解説

1 **(1)** **正解：B**　道路工事の音は、本文中の「工場騒音、航空機騒音、道路交通騒音など」と同等のものと考えられ、発生原因者にとっても騒音でないとは感じられないので、生活騒音ではなく、公害騒音といえる。よって設問文は間違っている。

(2) **正解：A**　すべての音が騒音というわけではないが、騒音になる可能性はある。第2段落に「すべての音が騒音とされる可能性を含み、音はすべて潜在的騒音である」と述べられている。よって設問文は正しい。

(3) **正解：C**　近隣騒音の解決の一つの方法として、「日ごろから近隣とのコミュニケーションを持つこと」が示されている。しかし、公害騒音の解決方法については触れられていないので、どちらの解決が困難であるか、本文からは判断できない。

(4) **正解：A**　「一般に、騒音の発生責任者に対して好意を抱いている場合は不快さが減少する」とあることから、設問文は正しい。

140

PART 3
Webテスト

「玉手箱」と「WEBテスティング」を取り上げる。
「玉手箱」の言語については
GABと同じ形式の問題も出されるので
GABの問題で練習しよう（→P138）。

玉 手 箱

計数			142
四則逆算…………	142	図表推計…………	152
図表の読み取り …	146		

英語	156

言語	160

WEBテスティング

非言語能力検査			162
割合………………	162	順列・組合わせ…	172
数表………………	164	確率………………	174
推理………………	166	その他の計算問題…	176

言語能力検査			184
文章の並べ替え…	184	3文の完成………	188
熟語の成り立ち…	186	文・単語の挿入 …	190

計算式の空欄にあてはまる数値を答える　　玉手箱

四則逆算

① 電卓の使用は認められている
② 問題は難しくない。時間内に1つでも多く解く
③ □×A＝B、A×□＝Bは□＝B÷Aで計算
④ □÷A＝Bは□＝B×Aで計算
⑤ A÷□＝Bは□＝A÷Bで計算

例題　□に入る数値として正しいものを選択肢から1つ選びなさい。

(5+□)×4=32

A 2　**B** 3　**C** 4　**D** 5　**E** 6

解答と解説

□×A＝Bは□＝B÷Aで計算。32÷4が(5+□)の数。
5+□=32÷4　　5+□=8　　□=8-5　　□=3

<u>正解：**B**</u>

 □に入る数値として正しいものを選択肢から1つ選びなさい。

(1) (12−□)÷4=2.5
　A 1　**B** 1.5　**C** 2　**D** 2.5　**E** 3.5

(2) 12÷(9−□)=3
　A 3　**B** 3.5　**C** 4　**D** 5　**E** 7

(3) $(12+\square)\div4=\square-3$

A 4.2　　**B** 5.8　　**C** 6.2　　**D** 8　　**E** 12

(4) $3\times\square\div0.2=54+36$

A 0.8　　**B** 3　　**C** 3.5　　**D** 6　　**E** 8

(5) $(12\times8)\div(11-\square)=12$

A 2　　**B** 3　　**C** 4　　**D** 5　　**E** 7

(6) $9\times\dfrac{2}{3}=\square\times\dfrac{1}{2}$

A 8　　**B** $8\dfrac{2}{3}$　　**C** 10　　**D** 12　　**E** $12\dfrac{1}{3}$

解答と解説

1 (1) <u>正解：**C**</u>　□÷A＝Bは□＝B×Aで計算。

2.5×4が(12−□)の数。

　$12-\square=2.5\times4$　$12-\square=10$　$\square=12-10$　$\square=2$

(2) <u>正解：**D**</u>　A÷□＝Bは□＝A÷Bで計算。

12÷3が(9−□)の数。

　$9-\square=12\div3$　　$9-\square=4$　　$\square=9-4$　　$\square=5$

(3) <u>正解：**D**</u>　□÷A＝Bは□＝B×Aで計算。

(□−3)×4が(12+□)の数。□には同じ数が入る。

　$12+\square=(\square-3)\times4$　　$12+\square=4\square-12$

　$3\square=24$　　$\square=24\div3$　　$\square=8$

(4) <u>正解：**D**</u>　$3\times\square=(54+36)\times0.2$

　$3\times\square=18$　　$\square=18\div3$　　$\square=6$

(5) <u>正解：**B**</u>　$(11-\square)=(12\times8)\div12$

　$11-\square=8$　　$\square=11-8$　　$\square=3$

(6) <u>正解：**D**</u>　$\dfrac{1}{2}\square=\dfrac{9\times2}{3}$　　$\dfrac{1}{2}\square=6$　　$\square=12$

四則逆算

□に入る数値として正しいものを選択肢から1つ選びなさい。

(1) $6 \times (□ - 9) = 18$
A 6　B 10　C 12　D 15　E 18

(2) $(1.4 + □) \times 0.5 = 3.5$
A 2.6　B 3.8　C 4.2　D 5.6　E 7

(3) $(10 + □) \div 2 = 120 \div 15$
A 3　B 4　C 4.5　D 5　E 6

(4) $(7 \times 5) \div (8 - □) = 1 + 34$
A 3　B 5　C 7　D 9　E 13

(5) $(31 + □) \div 7 = 1 + □$
A 4　B 5　C 6　D 7　E 9

(6) $(3.5 + □) \div 0.25 = 142$
A 7.5　B 13.25　C 26　D 28.5
E 32

(7) $(33 \times 7) \div (13 - □) = 30 + 201$
A 0　B 6　C 7　D 12　E 13

(8) $(16 - 8) \times 7 = □ \div 8$
A 7　B 56　C 112　D 448　E 896

(9) $□ \div \dfrac{3}{4} = 10 \times \dfrac{1}{5}$

A 1　B $\dfrac{2}{3}$　C $\dfrac{3}{2}$　D 3　E $\dfrac{1}{5}$

解答と解説

2 **(1) 正解：C**　A×□＝Bは□＝B÷Aで計算。
18÷6が（□−9）の数。
　　□−9＝18÷6　　　□−9＝3　　　□＝3+9
　　□＝12

(2) 正解：D　□×A＝Bは□＝B÷Aで計算。
3.5÷0.5が（1.4+□）の数。
　　1.4+□＝3.5÷0.5　　　1.4+□＝7　　　□＝7−1.4
　　□＝5.6

(3) 正解：E　□÷A＝Bは□＝B×Aで計算。
（120÷15）×2が（10+□）の数。
　　10+□＝（120÷15）×2　　　10+□＝8×2
　　□＝16−10　　　□＝6

(4) 正解：C　A÷□＝Bは□＝A÷Bで計算。
（7×5）÷（1+34）が（8−□）の数。
　　8−□＝（7×5）÷（1+34）　　　8−□＝35÷35
　　8−□＝1　　　□＝8−1　　　□＝7

(5) 正解：A　□÷A＝Bは□＝B×Aで計算。
（1+□）×7が（31+□）の数。□には同じ数が入る。
　　31+□＝（1+□）×7　　　31+□＝7+7□
　　6□＝24　　　□＝24÷6　　　□＝4

(6) 正解：E　3.5+□＝142×0.25
　　3.5+□＝35.5　　　□＝32

(7) 正解：D　13−□＝（33×7）÷（30+201）
　　13−□＝1　　　□＝12

(8) 正解：D　8×7＝□÷8
　　56＝□÷8　　　□＝56×8　　　□＝448

(9) 正解：C　$\square = 10 \times \dfrac{1}{5} \times \dfrac{3}{4}$
　　$\square = 10 \times \dfrac{3}{20}$　　　$\square = \dfrac{3}{2}$

与えられた図表のデータから数値を計算する　玉手箱

図表の読み取り

① 電卓の使用は認められている
② 本書では読み取りづらい問題、難易度の比較的高い問題を収録している

1 グラフを見て次の問いに答えなさい。

下記のグラフはA町とC町を往復運転しているバスの運行を示している。

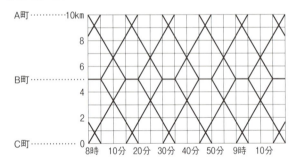

C町を8時30分に出発したバスはA町に着くまでに、A町を出発したバスと何回出会うか。以下の選択肢から1つ選びなさい。

A　2回　　B　3回　　C　4回
D　5回　　E　いずれでもない

2 グラフを見て次の問いに答えなさい。

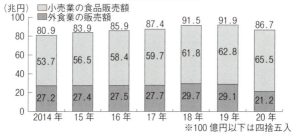

2019年の国内飲食料最終消費額をXとおくと、2020年の外食業の販売額の割合はおよそどのように表されるか。以下の選択肢から1つ選びなさい。

A 4.33X　　**B** 0.73X　　**C** 4.09X
D 0.23X　　**E** 0.34X

解答と解説

1 正解：D　C町を8時30分に出発したバスを赤の線で示す。5km先のB町で5分停車してA町には9時5分に到着している。その間、A町を出発したバス＝茶色の線と5回交わっている。

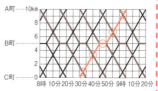

2 正解：D　2019年の国内飲食料最終消費額は91.9（兆円）で、これをXとする。
2020年の外食業の販売額は21.2（兆円）で、Xを使って表されるその割合を□とし、比のかたちにしてみる。
91.9：X＝21.2：□
91.9×□＝21.2X
□＝21.2X÷91.9
　≒0.23X

図表の読み取り

3 グラフを見て次の問いに答えなさい。

PB 商品・製品の扱いについて

		現在の扱いを増やしたい	今後扱ってみたい	現在の扱いを維持したい	現在の扱いを減らしたい	今後とも扱う考えはない
食品産業	2009年	32.9	10.4	33.2	4.0	19.5
	2012年	37.4	9.2	29.4	3.1	20.9
食品製造業	2009年	29.9	6.9	40.8	5.7	16.7
	2012年	37.0	6.5	35.2	4.3	17.0
食品卸売業	2009年	36.0	19.5	17.8	1.0	25.7
	2012年	35.3	15.9	14.8	0.9	33.1
食品小売業	2009年	43.9	8.8	25.5	0.9	20.9
	2012年	45.1	9.4	28.2	0.9	16.4
飲食店	2009年	32.8	15.5	25.9	1.7	24.1
	2012年	40.4	14.0	21.1	1.7	22.8

次の記述のうちグラフを正しく説明しているものはいくつあるか。

（1）2009年と2012年を比較して「今後扱ってみたい」割合が増加したのは食品小売業だけである。

（2）2009年と2012年を比較して「現在の扱いを維持したい」の減少率が1番大きいのは食品産業である。

（3）食品製造業において2012年の「現在の扱いを増やしたい」と「今後扱ってみたい」の合計割合は2009年のそれの約1.18倍である。

（4）2009年と2012年を比較して「現在の扱いを減らしたい」と「今後とも扱う考えはない」の合計割合が増加しているのは食品卸売業だけである。

A 0　**B** 1つ　**C** 2つ　**D** 3つ　**E** 4つ

解答と解説

3 正解：**C**

(1)「今後扱ってみたい」割合が増加したのは食品小売業
の8.8→9.4だけである。よって正しい。

(2)「現在の扱いを維持したい」の割合が減少しているの
は以下の4つ。
食品産業 29.4÷33.2≒0.8855
食品製造業 35.2÷40.8≒0.8627
食品卸売業 14.8÷17.8≒0.8314
飲食業 21.1÷25.9≒0.8146
減少率が1番大きいのは飲食業。よって誤り。

(3) 食品製造業において「現在の扱いを増やしたい」と
「今後扱ってみたい」の合計割合は以下のとおり。
2012年 37.0＋6.5＝43.5
2009年 29.9＋6.9＝36.8
43.5÷36.8≒1.182 よって正しい。

(4) グラフの右端から比べてみれば、食品卸売業のほかに、
食品産業も「現在の扱いを減らしたい」と「今後とも扱
う考えはない」の合計割合が増加しているのがわかる。
よって誤り。

正しい説明は2つとなる。

149

図表の読み取り

4 グラフを見て次の問いに答えなさい。

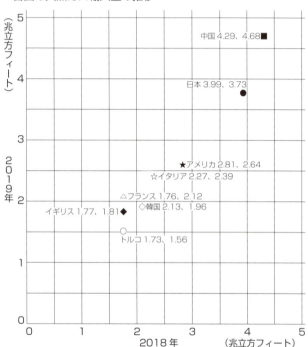

各国の天然ガス輸入量の推移

※グラフ中の数値は（国名：2018年の輸入量、2019年の輸入量）

グラフ中の8カ国のうち、2018年と2019年の比較において天然ガス輸入量の増加率が2番目に高いのはどの国か。以下の選択肢から1つ選びなさい。

A 日本　　**B** 中国　　**C** イタリア　　**D** フランス

E イギリス

解答と解説

4 正解：B

①各国の比較

2018年と2019年の比較において天然ガス輸入量が増加しているのは以下の4カ国。

中国　　4.29＜4.68

イタリア　2.27＜2.39

フランス　1.76＜2.12

イギリス　1.77＜1.81

減少している日本、韓国、トルコ、アメリカの4カ国は計算外になる。

日本　　3.99＞3.73

韓国　　2.13＞1.96

トルコ　　1.73＞1.56

アメリカ　2.81＞2.64

②各国の増加率の計算

よって、選択肢の中国、イタリア、フランス、イギリスの4カ国について計算する。

中国　　4.68÷4.29≒1.09

イタリア　2.39÷2.27≒1.05

フランス　2.12÷1.76≒1.20

イギリス　1.81÷1.77≒1.02

1番目はフランス。2番目に高いのは中国。

図表中の空欄の数値を推計する　　　　　　　玉手箱

図表推計

難易度 B　解答時間 1分

① 電卓の使用は認められている
② 表中の数値の間の関連性から、それぞれの項目にどのような法則が働いているかを見つけ出す
③ いくつもの法則が複雑に働いているような表は出題されない
④ 項目どうしの足し算・引き算、比例・反比例の関係がほとんど

 表を見て次の問いに答えなさい。

Zさんの各月の給与明細である。

項目＼月	1月	2月	3月
基本給	300,000円	300,000円	300,000円
残業手当	40,000円	20,000円	35,000円
通勤手当	25,000円	25,000円	25,000円
源泉所得税額	△17,000円	△16,000円	？
差引支給額	348,000円	329,000円	？

3月の差引支給額はいくらか。

A 330,000円　　B 338,750円　　C 343,250円
D 345,000円　　E 346,750円

解答と解説

1 **正解：C**

表から1つの法則を読み取り、その法則どおりに3月の金額を求める。ちなみに、表中の△マークはマイナスを表す。

1月と2月の給与で変動しているのは残業手当の20,000円と源泉所得税額の1,000円。ともに減少している。

20,000円に対して課された源泉所得税額が1,000円だから、

$20,000 \times x = 1,000$

$x = 0.05$

5%の税率で課されている。

また、1月の源泉所得税額17,000円から

$17,000 = y \times 5\%$

$y = 340,000$円

この340,000円は基本給300,000円と残業手当40,000円の合計額。基本給と残業手当に対して5%を課税していることもわかる。

1月の源泉所得税額

$(300,000 + 40,000) \times 5\% = 17,000$円

1月の差引支給額

基本給＋残業手当＋通勤手当－源泉所得税額＝差引支給額

$300,000 + 40,000 + 25,000 - 17,000 = 348,000$円

2月の源泉所得税額

$(300,000 + 20,000) \times 5\% = 16,000$円

2月の差引支給額

基本給＋残業手当＋通勤手当－源泉所得税額＝差引支給額

$300,000 + 20,000 + 25,000 - 16,000 = 329,000$円

同じ法則で3月の源泉所得税額

$(300,000 + 35,000) \times 5\% = 16,750$円

3月の差引支給額

基本給＋残業手当＋通勤手当－源泉所得税額＝差引支給額

$300,000 + 35,000 + 25,000 - 16,750 = 343,250$円

図表推計

2 表を見て次の問いに答えなさい。

（1）ある企業の月別のコピー使用枚数とその使用料金の表である。料金設定は20,000枚以下が定額で、20,000枚を超える数が枚数×単価で計算するように契約をしている。

コピー使用枚数	9月	10月	11月	12月
20,000以下の枚数	20,000枚	18,900枚	20,000枚	20,000枚
20,000超の枚数	13,000枚	0枚	4,500枚	32,000枚
合計枚数	33,000枚	18,900枚	24,500枚	52,000枚
使用料金	15,200円	10,000円	11,800円	?

12月の使用料金はいくらか。

- A　16,900円
- B　17,600円
- C　18,900円
- D　22,800円
- E　30,800円

（2）ある企業の商品別の仕入高と月間の売上高を集計したものである。商品ごとの利益の割合は毎月一定である。

商品名	項目		9月		10月		11月		12月	
			数量	価格	数量	価格	数量	価格	数量	価格
A商品	仕入高		100	90,000	200	180,000	150	135,000	250	225,000
B商品	仕入高		200	240,000	200	240,000	0	0	400	480,000
C商品	仕入高		0	0	0	0	300	450,000	100	150,000
月間合計	売上高	A商品	100	438,000	200	564,000	150	729,000	250	?
		B商品	200		200		0		400	
		C商品	0		0		300		100	

12月の売上高合計はいくらか。

- A　840,000円
- B　866,000円
- C　929,000円
- D　1,023,000円
- E　1,119,000円

解答と解説

2 (1) 正解：D 10月のデータから定額は10,000円とわかる。次に、9月の使用料金15,200円のうち5,200円が、20,000枚超の13,000枚の料金とわかる。

1枚当たりの使用料金　5,200÷13,000＝0.4円

11月の使用料金　10,000＋(4,500×0.4)＝11,800円

同じ法則で12月の使用料金

　10,000＋(32,000×0.4)＝22,800円

(2) 正解：E 仕入高に一定の率をかけて売上高が計算されている。

9月と10月の数値の違い（B商品の数量は同一）から、売上高の差564,000－438,000＝126,000円が、A商品の仕入高の差180,000－90,000＝90,000円に対応していることがわかる。よって、

　90,000×x（一定の率）＝126,000　　x＝1.4

仕入高90,000円に1.4をかけて126,000円で売り上げていることがわかる。

A商品の利益の割合は、1.4－1.0＝0.4

9月のB商品の売上高を求め、仕入高で割る。

　(438,000－126,000)÷240,000＝1.3

B商品の利益の割合は、1.3－1.0＝0.3

11月のデータからA商品の売上高は

　135,000×1.4＝189,000円

11月のC商品の売上高を求め、仕入高で割る。

　(729,000－189,000)÷450,000＝1.2

C商品の利益の割合は、1.2－1.0＝0.2

A、B、C商品の12月の売上高合計を求める。

　(225,000×1.4)＋(480,000×1.3)＋(150,000×1.2)＝1,119,000円

本文も選択肢もすべて英語で出題される　　　玉手箱

英語

これだけ覚える!
① 辞書の使用は認められている
② 1つの長文に3つの設問があり(実際は、3つの設問ごとに同じ長文が繰り返しあらわれる)、選択肢は毎回同じ文章(GAB形式)
③ 設問文を頭に入れてから長文を読む

1 Read the text and choose the best description for each of the questions that follow.

Seychelles is a living museum of natural history and a sanctuary for some of the rarest species of flora and fauna on earth. Nowhere else on earth will you find unique endemic specimens such as the fabulous Coco de Mer, the largest seeds in the plant kingdom. This palm takes 25 years or more to reach maturity and bear fruit. The male and female flowers are borne on separate trees and the male catkins can reach 1m in length. The fruit is two-lobed, flattened, 40 to 50 cm long ovoid, which can weigh up to 20 kg. The rotted out nuts can float and were found washed ashore in the Maldives and India. Until the real home of the nut was discovered in 1742, it was believed to grow on underwater trees, in an imaginary forest at the bottom of the sea.

Question 1 :

This palm has been lost from the wild from three Seychelles islands within its former range.

 A The statement is patently TRUE or follows logically, given the information or opinions contained in the passage.

 B The statement is patently UNTRUE or the opposite follows logically, given the information or opinions contained in the passage.

 C You CANNOT SAY whether the statement is true, or follows logically, without further information.

Question 2 :

The Coco de Mer is a dioecious species, with male and female flowers located on different plants.

 A The statement is patently TRUE or follows logically, given the information or opinions contained in the passage.

 B The statement is patently UNTRUE or the opposite follows logically, given the information or opinions contained in the passage.

 C You CANNOT SAY whether the statement is true, or follows logically, without further information.

英語

Question 3：

The famous Coco de Mer grows in the depths of the sea and the nuts come up from the sea bed to the surface.

A The statement is patently TRUE or follows logically, given the information or opinions contained in the passage.

B The statement is patently UNTRUE or the opposite follows logically, given the information or opinions contained in the passage.

C You CANNOT SAY whether the statement is true, or follows logically, without further information.

COLUMN
GAB形式とIMAGES形式の問題

　ここで取り上げた英語の問題は、GABの言語（日本語）の問題（→P138）を英語に直した形式になっている。

　「玉手箱」ではこの他に、IMAGES（イメジス）という適性検査の英語の問題と同じ形式のものが出される。やはり長文を読み、それぞれの設問に対する解答を選択肢から選ぶ形式。

　本書では扱っていないが、IMAGESとは、同じSHL社の総合適性検査（マークシート方式）。計数、言語、英語、パーソナリティを測定する。

　なお、「玉手箱」の言語（日本語）の問題も、GABと同じ形式のものの他に、IMAGESと同じ形式のものが出される（→P160）。

解答と解説

1 Question 1 正解：**C** 【設問文の訳】セーシェル諸島の3つの島では野生のフタゴヤシが自生しなくなった。→本文からは判断できない。

Question 2 正解：**A** 【設問文の訳】フタゴヤシはオスとメスが別々の木に花をつける雌雄異株植物である。→正しい。

Question 3 正解：**B** 【設問文の訳】フタゴヤシは海底で育った木の実が水面に浮かび上がってきたもの。→明らかに間違い。

【本文の訳】セーシェル諸島は生きた博物館とも呼ばれる希少な動植物の自然保護区である。植物の中で最も大きな実をつけるフタゴヤシのように、この土地でしか見られない珍しい固有種の宝庫である。フタゴヤシは実をつけるまでに25年以上の歳月を要し、オスとメスは別々の木に花をつける。オスがつけるしっぽ状の花序は1メートルもの長さに成長する。先が双葉状に分かれた平たい卵形の実は40〜50センチの大きさになり、重さは20キロにもなる。殻は潮流に乗ってモルディブやインドの海岸に流れ着き、1742年にフタゴヤシの故郷が発見されるまで、深海にある想像上の土地に生えている海底木の実であると信じられていた。

【選択肢の訳】

A 本文に含まれている情報や主張から、設問文は明らかに正しい、または論理的に導くことができる。

B 本文に含まれている情報や主張から、設問文は明らかに間違っている、または論理的に導くと反対のことが書かれている。

C 本文に含まれている情報や主張からは、正しいか間違っているかは判断できない。

159

長文を読んで論理的に把握する力が問われる　　玉手箱

言語

難易度 A　解答時間 2分

これだけ覚える!　たとえ常識に照らして明らかな内容でも、本文と関係ないものは、判断できないと考える

1　以下の文章を読んで、設問1つ1つについてA・B・Cのいずれにあてはまるか答えなさい。

　話すことが歩くことだとすれば、書くことは走ることに似ている。いきなりでも長い距離を歩くことができるように、特別な訓練をしなくても、長い時間話すことはできる。
　しかし、長い距離を走るとなると、絶対にトレーニングが必要になる。慣れていない人がいきなり十キロを走るのは、まず無理だ。それなりのトレーニングをして徐々に距離を延ばしていかないと、長い距離は走れない。書くこともそれと同じなのだ。
　私の感覚では四百字詰め原稿用紙一枚が一キロにあたる。十キロをいきなり走れと言われたら、ほとんどの人が尻込みするだろうし、まず走れない。しかし、トレーニングをこなせば、十キロ程度ならだれでも走れるようになる。
　この十キロ走るという経験と、走れたという自信がもっとも大切なのだ。
　私は、書くことにおいては、原稿用紙十枚という長さを書けるかどうかが分岐点だと思っている。そして原稿用紙十枚を怖がらない人を「文章が書ける人」と定義している。
　原稿用紙三〜五枚の文章はトレーニングをしなくても書くことができるが、十枚となると、書く前にメモやレジュメをつくり、文章の全体像を構築しなくてはならない。こ

> の技術はトレーニングをしなくては身につかない。逆にこの技術さえ身につければ、さらに長い文章を書くことも可能になる。
>
> （齋藤孝『原稿用紙10枚を書く力』より）

A：筆者が一番訴えたいこと（主旨）が述べられている。
B：本文に書かれているが、一番訴えたいことではない。
C：本文とは関係ないことが書かれている。

（1）長い文章を書くことは、長距離走に似ている。
　　○ A　　　○ B　　　○ C

（2）長い文章を書くには体力が必要だ。
　　○ A　　　○ B　　　○ C

（3）長い文章を書くにはトレーニングが必要だ。
　　○ A　　　○ B　　　○ C

（4）長い文章を書ける能力が社会的に求められている。
　　○ A　　　○ B　　　○ C

解答と解説

1（1）**正解：B**　トレーニングが必要であることの例として挙げたものであり、主旨そのものではない。
（2）**正解：C**　トレーニングが必要、とは述べられているが、体力とは述べていない。
（3）**正解：A**　筆者が最も主張したい事柄である。
（4）**正解：C**　本文では触れられていない。

割合

百分率や分数をもとに計算する 〔WEBテスティング〕

難易度 B　解答時間 3分

これだけ覚える! 問題文の%、分数が何に対する割合かを確認して計算式を立てる

1 空欄にあてはまる数値を求めなさい。

1個のケーキをA、B、Cの3人で分けて食べた。Aは全体の $\frac{4}{9}$ をもらい、BはAの0.8倍の量をもらった。そのときCがもらった量はAの[　　　]倍だった。

2 空欄にあてはまる数値を求めなさい。

ある市の施設について調査を行った。
この施設を利用したことがあるかの質問に対して、利用したと答えたのは、全体で52%、その男女構成は3：2だった。
女性の利用者が416人のとき、この調査に回答したのは
[　　　]人である。

解答と解説

❶ 正解：0.45

Aのもらった量 $\dfrac{4}{9}$

Bのもらった量は $\dfrac{4}{9} \times \dfrac{8}{10} = \dfrac{16}{45}$

Cのもらった量は $1 - \left(\dfrac{4}{9} + \dfrac{16}{45} \right) = \dfrac{9}{45}$

Cのもらった量 $\dfrac{9}{45}$ はAのもらった量 $\dfrac{4}{9}$（通分して $\dfrac{20}{45}$）の何

倍かを計算する。

$$\dfrac{9}{45} \div \dfrac{20}{45} = \dfrac{9}{45} \times \dfrac{45}{20} = 0.45 \ （倍）$$

❷ 正解：2000

問題文を図に整理する。

利用している　52%	利用していない　48%
男性　3	
女性　2 （416人）	

利用している人数を計算する。

利用している人数をxとすると、その $\dfrac{2}{5}$ が女性なので

$$\dfrac{2}{5}x = 416$$

$$x = 416 \times \dfrac{5}{2} = 1{,}040 \ （人）$$

回答者全体を計算する。

回答者全体をyとすると

$0.52y = 1{,}040$

$y = 1{,}040 \div 0.52 = 2{,}000 \ （人）$

WEBテスティングはSPI3の自宅受検型。SPI3と類似した質問が出される
ことも多いので、本書のPART 1もしっかり練習しておこう。

Webテスト

WEBテスティング　非言語能力検査 ● 割合

表を読み取り、表内の数値を使って計算する　WEBテスティング

数表

これだけ覚える！　設問から、表のどの数値を使って計算するかを、すばやく、正確に見つけ出す

 下の表は、ある都市の各区における年齢層別の人口を集計したものである。表を見て問いに答えなさい。

年齢層 区	10歳未満	10～29歳	30～49歳	50～69歳	70歳以上	人口(万人)
X区	11%		27%		12%	25
Y区	18%	20%	30%	15%	17%	22
Z区	9%	28%	36%	17%	10%	30

（1）空欄にあてはまる数値を求めなさい。

X区における10～29歳の人口は50～69歳の人口の1.5倍である。X区における10～29歳の人口は [　　　] 人である。

（2）次のア、イ、ウのうち正しいのはどれか。A～Fの中から1つ選びなさい。
ア　X区とZ区の70歳以上の人口は等しい。
イ　上記表の区分で人口が一番少ないのは、X区の10歳未満である。
ウ　50歳以上の人口が一番多いのはZ区である。

A　アだけ　　B　イだけ　　C　ウだけ　　D　アとイ
E　アとウ　　F　イとウ　　G　アとイとウ

解答と解説

1(1) 正解：**75000**

表の空欄の合計は

100－11－27－12＝50（％）

50～69歳の人口の割合をXとすると、10～29歳の人口の割合は1.5Xとなるので、そこから計算式を立てる。

X＋1.5X＝50（％）

2.5X＝50　　X＝20（％）

50～69歳の人口の割合が20％、10～29歳の人口の割合は30％とわかる。

よって、250,000×0.3＝75,000（人）

(2) 正解：**E**

アを検証する。

X区の70歳以上の人口　250,000×12％＝30,000（人）

Z区の70歳以上の人口　300,000×10％＝30,000（人）

よって、アは正しい。

次にイを検証する。各区で一番小さい％で計算する。

X区の10歳未満の人口　250,000×11％＝27,500（人）

Y区の50～69歳の人口　220,000×15％＝33,000（人）

Z区の10歳未満の人口　300,000×9％＝27,000（人）

一番少ない区分はZ区の10歳未満となり、イは誤り。

最後にウを検証する。各区の50歳以上の％で計算する（X区とY区は同じ32％なので、人口の少ないY区の計算を省略できる）。

X区の50歳以上の人口

　250,000×（20％＋12％）＝80,000（人）

Z区の50歳以上の人口

　300,000×（17％＋10％）＝81,000（人）

よって、1番多いのはZ区となり、ウは正しい。

与えられた情報から正しい答えを推論する

推理

① 情報から考えられるパターンを挙げ、それらについて矛盾がないか検証する
② 情報を簡単に記号で表し、正誤を考える

1 **ある兄弟3人の年齢の合計は21歳である。また、3人の年齢について以下のことがわかっている。**

ア　長男と三男の年齢の差は6歳である。
イ　同じ年齢の者はいない。

このとき、次男の年齢は何歳と考えられるか。

- A　3歳
- B　5歳
- C　7歳
- D　9歳
- E　11歳

2 **ある兄弟3人が5個の飴玉を分けることにした。また、3人の分け方について以下のことがわかっている。**

ア　次男と三男のもらった個数は同じであった。
イ　長男がもらった個数は三男の3倍である。

長男のもらった個数は、アとイの情報のどのような組合わせでわかるか。

- A　アだけでわかるが、イだけではわからない
- B　イだけでわかるが、アだけではわからない
- C　アとイの両方でわかるが、片方だけではわからない
- D　アだけでもイだけでもわかる
- E　アとイの両方あってもわからない

解答と解説

1 正解：C

3人の年齢の合計は21歳でそれぞれ違う年齢、長男と三男の差は6歳の条件を満たす数値を推理する。

長男　　　三男	次男	合計	
12歳－差6－6歳	3歳	21歳	次男と三男の年齢が逆転して矛盾
11歳－差6－5歳	5歳	21歳	次男と三男の年齢が同じで矛盾
10歳－差6－4歳	7歳	21歳	矛盾しない
9歳－差6－3歳	9歳	21歳	長男と次男の年齢が同じで矛盾

2 正解：B

アの情報から、合計5個の飴玉を、次男の数＝三男の数で分けるパターンは以下の2通り。

	次男	三男	長男
パターン1	1個	1個	5－2＝3個
パターン2	2個	2個	5－4＝1個
	3個	3個	次男と三男で5個を超えて矛盾

アの情報だけでは、2パターンあり、長男の数は確定できない。よって、AとDは誤り。

イの情報から、合計5個の飴玉を、三男の数×3＝長男の数で分けるパターンは以下の1通り。

三男	長男	次男
1個	1×3＝3個	5－4＝1個
2個	2×3＝6個	三男と長男で5個を超えて矛盾

アの情報がなくても、イの情報だけで長男の数は確定できる。よって、CとEは誤り。Bが正解となる。

167

推理

3

A、B、C、D、Eの5チームが、総当たり方式でサッカーの試合を行った。

結果はAが4勝、Bが3勝、Cが1勝2敗1引き分けであった。
Dは1勝しかできなかった。
以上のことから、確実にいえるのはどれか。

- **A** CはEに勝った
- **B** DはCに負けた
- **C** EはCに負けた
- **D** Eは全敗した
- **E** DはEに勝った

4

A、B、C、D、Eの5人が、縦一列に並び全員が同じ方向を向いている。また、以下のことがわかっている。

ア　Dより3人前にBがいる。
イ　Aの前にはEを含む2人がいる。

以上のことから、Cの位置として考えられるのはどこか。

- **A** 前から1番目と4番目
- **B** 前から1番目と5番目
- **C** 前から2番目と4番目
- **D** 前から2番目と5番目
- **E** 前から4番目と5番目

解答と解説

3 正解：E

A、Bの勝敗を対戦相手にそってそれぞれ4勝、3勝を入れる。

	A	B	C	D	E
A		○	○	○	○
B	×		○	○	○
C	×	×		○ △	△ ○
D	×	×	× △		○
E	×	×	△ ×	×	

Cは1勝2敗1引き分けで、その2敗はA、Bと決まっており、残りのD、Eの一方に勝ち、一方とは引き分けになる。それをDの立場から考えると、Cには負けるか引き分けとなる。Dは1勝しているから、その1勝はEとわかる。

4 正解：E

問題文を整理する。まず、アから2パターンが考えられる。

(前)		B				D	(後)

	B			D	

次に、イからは次の2パターンが考えられる。

E			A	

	E		A	

アとイを合わせる。

Aが3番目は確定しているので、次の2パターンが考えられる。

E	B	A		D

B	E	A	D	

よって、Cの位置として考えられるのは4番目と5番目。

169

推理

5 以下について、ア、イの情報のうち、どれがあれば【問い】の答えがわかるかを考え、A～Eの中から正しいものを1つ選びなさい。

X、Y、Zは1から9までのいずれかの整数で、X>Y>Zである。
【問い】Xはいくつか。
ア　$X+Z=5Y$

イ　$Y+Z=\frac{1}{3}X$

　　A　アだけでわかるが、イだけではわからない
　　B　イだけでわかるが、アだけではわからない
　　C　アとイの両方でわかるが、片方だけではわからない
　　D　アだけでも、イだけでもわかる
　　E　アとイの両方があってもわからない

6 以下について、ア、イの情報のうち、どれがあれば【問い】の答えがわかるかを考え、A～Eの中から正しいものを1つ選びなさい。

仕入れ単価200円のボールペンと、仕入れ単価150円のサインペンを合わせて15本仕入れた。
【問い】仕入れ総額はいくらになるか。
ア　サインペンの本数はボールペンより少ない。
イ　サインペンの仕入れ金額は1000円以上である。
　　A　アだけでわかるが、イだけではわからない
　　B　イだけでわかるが、アだけではわからない
　　C　アとイの両方でわかるが、片方だけではわからない
　　D　アだけでも、イだけでもわかる
　　E　アとイの両方があってもわからない

解答と解説

⑤ 正解：D

X＞Y＞Zなので、Yは、1はありえず2以上である。条件アでYに2をあてはめて、XとZが1から9に該当するかを考える。ZはYより小さいので、Yが2のときZは1である。これをアに代入すると、X＝9が求められる。なお、Yが3以上を考えてみても、いずれもXが9より大きくなりあてはまらないため、X＝9、Y＝2、Z＝1が確定する。

条件イでは、YおよびZは整数であることから、Xは3の倍数でなければならない。そこでXに3、6、9をあてはめると、Y＋Zの合計はそれぞれ1、2、3となるが、下記の③のみが成り立ち、Y＞YからYが2、Zが1となる。

①X＝3のとき、Y＋Z＝1となり、1から9までのいずれかの整数に矛盾

②X＝6のとき、Y＋Z＝2となり、YとZはいずれも1以外考えられず、X＞Y＞Zに矛盾

③X＝9のとき、このパターンのみ成り立つ

すなわち、アだけでも、イだけでもわかる。

⑥ 正解：C

全部で15本仕入れたのだから、条件アより、サインペンは7本以下、ボールペンは8本以上となる。しかしサインペンが7本以下のどの数か、ボールペンが8本以上のどの数かは不明。条件イより、サインペンの仕入れ単価150円で1000円を割ると6.66…となり、7本以上買わなければならないことがわかる。しかし、7本以上のどの数かは不明。条件アのみ、条件イのみでは仕入れ総額はわからないが、アとイの両方があれば、条件アよりサインペンが7本以下、条件イよりサインペンが7本以上とわかっているので、サインペンは7本。残りの8本がボールペンなので、それぞれに仕入れ単価をかけて、合計すればよい。つまり、アとイの両方でわかるが、片方だけではわからない。

順列・組合わせ

順列と組合わせの使い分けに注意する

WEBテスティング / 難易度 B / 解答時間 6分

① 順列：並び順で区別する　　　nPr
② 組合わせ：並び順で区別しない　nCr

1 空欄にあてはまる数値を求めなさい。

女子3人、男子2人の5人でリレーの順番を決める。

（1）走る順番は☐通りある。

（2）男女交互に走るとき、走る順番は☐通りある。

（3）男子が先頭を走ることになっているとき、走る順番は☐通りある。

2 空欄にあてはまる数値を求めなさい。

ある企業が3日間で6科目の研修を実施する。すべての科目を受講する必要があり、初日に2科目、2日目に3科目、最終日に1科目を受講して終了する。何日目に何の科目を受講するか、その組合わせは☐通りある。

解答と解説

1 (1) 正解：**120**

並ぶ順番があるので、順列で計算する。

$_5P_5 = 5 \times 4 \times 3 \times 2 \times 1 = 120$（通り）

(2) 正解：**12**

男女交互になる順番は、女子→男子→女子→男子→女子。

女子の位置は3カ所に3人　$_3P_3 = 3 \times 2 \times 1 = 6$（通り）

男子の位置は2カ所に2人　$_2P_2 = 2 \times 1 = 2$（通り）

$6 \times 2 = 12$（通り）

(3) 正解：**48**

先頭は男子と決まっており、残り4つを4人の中から選ぶ順列を考える。

$_4P_4 = 4 \times 3 \times 2 \times 1 = 24$（通り）

また、先頭の男子が2人いるので、$24 \times 2 = 48$（通り）

2 正解：**60**

1日目に受講する科目の組合わせの数

$_6C_2 = \dfrac{6 \times 5}{2 \times 1} = 15$（通り）

2日目に受講する科目の組合わせの数

$_4C_3 = \dfrac{4 \times 3 \times 2}{3 \times 2 \times 1} = 4$（通り）

3日目に受講する科目の組合わせの数

1（通り）

よって、$15 \times 4 \times 1 = 60$（通り）

組合わせを応用する問題もある

確率

① 確率 ＝ ある事柄の場合の数 / すべての場合の数
② 「同時」は組合わせ（$_nC_r$）で計算する

1 空欄にあてはまる数値を求めなさい。

白球3個、赤球5個、黒球7個が入った袋がある。同時に3球取り出し、それぞれの色の球が1個ずつ入っている確率は▢である。約分した分数で答えなさい。

2 空欄にあてはまる数値を求めなさい。

同じ商品を店頭に5個展示して販売している。1個売れるたびに1個を倉庫から出して補充すると、5回目の補充の際、最初に店頭に展示した商品が1個も残っていない確率は▢である。

解答と解説

1 正解：$\dfrac{3}{13}$

「同時に」とあり、組合わせで計算する。

$\dfrac{\text{ある事柄の場合の数}}{\text{すべての場合の数}}$

分母の数は合計15個の球から3個取り出す組合わせの数

$$_{15}C_3 = \frac{15 \times 14 \times 13}{3 \times 2 \times 1} = 455 \text{（通り）}$$

分子は白、赤、黒それぞれの色の球を1個取る組合わせの数

$$_3C_1 \times {}_5C_1 \times {}_7C_1 = 3 \times 5 \times 7 = 105 \text{（通り）}$$

$$\frac{105}{455} = \frac{3}{13}$$

2 正解：$\dfrac{24}{625}$

5回の販売において、常に最初に店頭に展示した商品が選ばれる確率をそれぞれ順番に求める。

1回目の確率 $\dfrac{5}{5}$（5個すべてが最初に店頭に展示した商品）

2回目の確率 $\dfrac{5}{5} \times \dfrac{4}{5} = \dfrac{4}{5}$

3回目の確率 $\dfrac{5}{5} \times \dfrac{4}{5} \times \dfrac{3}{5} = \dfrac{12}{25}$

4回目の確率 $\dfrac{5}{5} \times \dfrac{4}{5} \times \dfrac{3}{5} \times \dfrac{2}{5} = \dfrac{24}{125}$

5回目の確率 $\dfrac{5}{5} \times \dfrac{4}{5} \times \dfrac{3}{5} \times \dfrac{2}{5} \times \dfrac{1}{5} = \dfrac{24}{625}$

与えられた条件から正しい答えを計算する

その他の計算問題

これだけ覚える! 問題文のア、イから計算式を立て、その2つを連立させて計算する

1 空欄にあてはまる数値を求めなさい。

子供たちにあるカードを配ることにした。以下のことがわかっている。

　ア　1人に4枚ずつ配ると19枚余る。
　イ　1人に6枚ずつ配ると最後の1人が1枚になる。

このとき、子供たちは□人である。

2 空欄にあてはまる数値を求めなさい。

あるサッカーチームの選手A、B、C、Dは、昨年1年間に4人で合計26得点をあげた。Bが1番多く、Dの2倍得点した。それ以外に下の2つがわかっている。

　ア　Aは7点。
　イ　Cの得点はAより低く、Dとの得点差が1点だった。

このとき、Cの得点は□点である。

3 空欄にあてはまる数値を求めなさい。

2ケタの数xと1ケタの数yの関係について、以下のことがわかっている。

　ア　x＝12y
　イ　xはある数の平方になっている。

このとき、yの数値は□である。

176

解答と解説

■1 正解：12

子供たちの数を x として計算式を立てる。

4枚ずつ配ると19枚余る。

$4x+19$……①

6枚ずつ配ると最後の1人が1枚になるのは、要するに5枚不足しているということ。

$6x-5$……②

①、②より

$4x+19=6x-5$

$4x+24=6x$

$6x-4x=24$

$2x=24$

$x=12$人（枚数は67枚）

■2 正解：4

Cの得点を c、Dの得点を d として、4人の合計得点を表すと、

$7+2d+c+d=26$

$c+3d=19$……①

Cの得点はAより低いので、$c \leqq 6$……②

①と②の式から c と d の数値は

$(c, d)=(1, 6)$、$(4, 5)$ の2通りが考えられる。

この2通りのうち、CとDの得点差が1点という条件を満たすのは、$(c, d)=(4, 5)$ のみである。

よって、Cの得点は4点（Aは7点、Bは10点、Dは5点）

■3 正解：3

アの $x=12y$ から、x は12、24、36、48、60、72、84、96のいずれかである。このうちイの、ある数の平方になっているという条件を満たすのは36だけである。

よって、$x=36$、$y=3$

177

その他の計算問題

 空欄にあてはまる数値を求めなさい。

PとQの年齢について、以下の2つがわかっている。

　ア　PはQより15歳若い。

　イ　Pの年齢はQの$\frac{3}{4}$である。

このとき、Pは[　　　]歳である。

 空欄にあてはまる数値を求めなさい。

あるクラスの男女の人数について、以下の2つがわかっている。

　ア　このクラスの男女の合計人数は39人である。
　イ　男子の人数は5の倍数で、女子の人数は6の倍数である。

このとき、このクラスの女子の人数は[　　　]人である。

 空欄にあてはまる数値を求めなさい。

原価250円の商品を400個仕入れて、30%の利益を見込んで定価を付けた。
このうち、300個を定価で販売したが、残りの100個が売れ残ったすると、利益は[　　　]円である。
ただし、損失の場合は、数字の最初にマイナスを入れなさい。

178

解答と解説

4 正解：45

$$Q - P = 15 \cdots\cdots ① \qquad P = \frac{3}{4}Q \cdots\cdots ②$$

②を①に代入する。

$$Q - \frac{3}{4}Q = 15 \qquad \frac{1}{4}Q = 15 \qquad Q = 60$$

①に60を代入して
$$60 - P = 15 \qquad P = 45 \text{（歳）}$$

5 正解：24

男女の合計人数が39人で、男子の人数が5の倍数であることから、残りの女子の人数が6の倍数になる数値を推理する。表から、女子の人数で6の倍数になるのは24人。

男子の人数 （5の倍数）	女子の人数 （39人－ 男子の人数）
5	34
10	29
15	24
20	19
25	14
30	9
35	4

6 正解：－2500

仕入の総額は、
250円×400個＝100,000円
1個あたりの定価は、
定価＝原価×（1＋見込む利益の割合）から
250×（1＋0.3）＝325（円）
定価で300個売れたので、売上の総額は、
325×300＝97,500（円）
利益（損失）＝売価（売上の総額）－原価（仕入の総額）から
97,500－100,000＝－2,500（円）

179

その他の計算問題

 空欄にあてはまる数値を求めなさい。

6で割ると5余り、10で割ると3余る正の整数のうち、最も小さい数は□である。

 空欄にあてはまる数値を求めなさい。

X、Y、Zの3人が母の誕生日に6,000円のプレゼントをした。Y、Zが出す金額はそれぞれXの出す金額の0.8倍、1.2倍であった。Yが出した金額は□円である。

 空欄にあてはまる数値を求めなさい。

家から1.8km離れた体育館まで60m/分の速さで歩くと、集合時間に5分遅れる。
このとき、ちょうど集合時間に着く速さは□m/分である。

解答と解説

7 正解：**23**

10で割ると余りが3ということは、13、23、33などの1の位の数が3になる数である。

それらの数のうち、6で割ると余りが5となる最小の数を推理する。

13÷6＝2余り1

23÷6＝3余り5　よって**23**

8 正解：**1600**

Xの金額を1として3人の出した金額の連比を作る。

X：Y：Z＝1：0.8：1.2　　合計3

6,000円÷3＝2,000円

X＝2,000（円）

よってYが出した金額は

Y＝2,000×0.8＝**1,600**（円）

なお、Zが出した金額は2,400円。

9 正解：**72**

まず、体育館まで60m/分の速さで行く時間を計算する。

時間＝距離÷速さから

$$\frac{1,800}{60}=30（分）　かかる。$$

よって、集合時間に遅れないためには30－5＝25（分）で体育館まで歩くことになる。

速さ＝距離÷時間の公式から

$$\frac{1,800}{25}=\textbf{72}（m/分）$$

その他の計算問題

 空欄にあてはまる数値を求めなさい。

A〜Dは1ケタのそれぞれ異なる正の整数であり、次のア、イ、ウの関係が成り立つ。

　ア　A＝2C
　イ　B＝C＋D
　ウ　5D＝B＋C

Dの数が2のとき、Aは◯◯◯である。

 空欄にあてはまる数値を求めなさい。

1から15までのすべて異なる奇数のカードが8枚ある。これをA、B、Cの3人に2枚ずつ配った。

カードに書かれている数の和はAが16、Bが20、Cが24である。

（1）配られなかったカードは◯◯◯と◯◯◯である。
（2）AかCに配られていて、Bに配られていないカードとして確実にいえるのは◯◯◯と◯◯◯である。

182

解答と解説

10 正解：8

$A = 2C$……① $\quad B = C + D$……② $\quad 5D = B + C$……③

②を③に代入する。 $\quad 5D = C + D + C \quad 2D = C$……④

①と④より、$A = 2 \times 2D = 4D$ よって、$A = 4 \times 2 = 8$

11 (1) 正解：1、3

カードに書かれている数字の和は、

$1 + 3 + 5 + 7 + 9 + 11 + 13 + 15 = 64$

3人の持っているカードの数字の和は、$16 + 20 + 24 = 60$

これにより、3人に配られなかった2枚の数字の和は4となる。

2枚のカードの和が4になる組合わせは（1、3）だけである。

よって、配られなかったカードは1と3に確定する。

(2) 正解：9、11

Aの持っているカードの和は16なので（1、15）（3、13）（5、11）（7、9）の4通り考えられるが、（1）より1と3は配られていない。Aのカードの組合わせは（5、11）（7、9)の2通り。

Bの持っているカードの和は20なので（5、15）（7、13）（9、11）の3通り。

Cの持っているカードの和は24なので（9、15）（11、13）の2通り。

①Aの持っているカードを（5、11）と仮定する。

Bのカードは5と11を使わない（7、13）になり、Cのカードは5、7、11、13を使わない（9、15）になる。

②Aの持っているカードを（7、9）と仮定する。

Bのカードは7と9を使わない（5、15）になり、Cのカードは5、7、9、15を使わない（11、13）になる。

よって、①のA（5、11）B（7、13）C（9、15）と、②のA（7、9）B（5、15）C（11、13）の2通りの可能性が考えられる。Bは①、②どちらでも9と11は持っていないので、正解は9と11。

ばらばらになった文章を正しい順に並べ替える WEBテスティング

文章の並べ替え

① 修飾語と被修飾語の関係をチェックする
② 文章の主旨を考える

1 文中の(1)～(4)の空欄にA～Dの語句を入れて文を完成させるとき、最も適切な組合わせを答えなさい。

落語は [(1)] [(2)] [(3)] [(4)] 大衆芸能である。

- **A** 物語を進める
- **B** 複数の登場人物を演じ
- **C** 日本の代表的な
- **D** 一人の演者が

(1) 回答欄　○A　○B　○C　○D

(2) 回答欄　○A　○B　○C　○D

(3) 回答欄　○A　○B　○C　○D

(4) 回答欄　○A　○B　○C　○D

解答と解説

1 正解：(1) **D** (2) **B** (3) **A** (4) **C**

まず、文末の「大衆芸能である」の前に入る（4）を考える。

A［物語を進める］大衆芸能である。……日本語として問題なく、意味もつながる。

B［複数の登場人物を演じ］大衆芸能である。……日本語としておかしく意味がつながらない。

C［日本の代表的な］大衆芸能である。……日本語として問題なく、意味もつながる。

D［一人の演者が］大衆芸能である。……日本語としておかしく意味がつながらない。

したがって、（4）に入る可能性があるのはAかCである。

次に、（4）に仮にA［物語を進める］を入れ、残りのB、C、Dについて日本語としてのつながりを考えると、

C［日本の代表的な］→D［一人の演者が］→B［複数の登場人物を演じ］→A［物語を進める］とつなげることができる。

また、（4）に仮にC［日本の代表的な］を入れ、残りのA、B、Dについて日本語としてのつながりを見てみると、

D［一人の演者が］→B［複数の登場人物を演じ］→A［物語を進める］→C［日本の代表的な］とつなげることができる。

（4）にAを入れた場合と、Cを入れた場合を、文意の面から考えて比較すると、前者では「落語」は「日本の代表的な一人の演者が（…物語を進める大衆芸能）」という文章になり、後者では「（一人の演者が…物語を進める）日本の代表的な大衆芸能」という文章になり、後者がより妥当だとわかる。

二字熟語の成り立ち方を考える　WEBテスティング

熟語の成り立ち

 漢字1字1字のもつ意味を考え、どのような関係で組み合わされているかを見きわめる

1 以下の5つの熟語の成り立ち方として、適したものをA〜Dの中から1つずつ選びなさい。

(1) 貴賎　　(2) 直線　　(3) 豊富
(4) 増減　　(5) 円形

A 似た意味を重ねる　　B 反対の意味を重ねる
C 前が後ろを修飾する　D A〜Cのどれでもない

(1) 回答欄　○A　○B　○C　○D
(2) 回答欄　○A　○B　○C　○D
(3) 回答欄　○A　○B　○C　○D
(4) 回答欄　○A　○B　○C　○D
(5) 回答欄　○A　○B　○C　○D

2 以下の5つの熟語の成り立ち方として、適したものをA〜Dの中から1つずつ選びなさい。

(1) 動画　　(2) 歌唱　　(3) 鉄道
(4) 思想　　(5) 自立

A 似た意味を重ねる　　　B 主語と述語の関係にある
C 動詞の後に目的語を置く　D A〜Cのどれでもない

(1) 回答欄　○A　○B　○C　○D
(2) 回答欄　○A　○B　○C　○D

Web テスト

WEBテスティング 言語能力検査 ● 熟語の成り立ち

(3) 回答欄　○ A　　○ B　　○ C　　○ D

(4) 回答欄　○ A　　○ B　　○ C　　○ D

(5) 回答欄　○ A　　○ B　　○ C　　○ D

解答と解説

1(1) **正解：B**　「貴」は「尊いこと」、「賎」は「いやしいこと」なので、反対の意味を重ねる言葉。

(2) **正解：C**　「直」は「まっすぐ」という意味で、「直線」は「まっすぐな線」という意味になるので、前が後ろを修飾する言葉。

(3) **正解：A**　「豊富」の「豊」は「ものが十分にあること」、「富」は「豊かにあること」なので、似た意味を重ねる言葉。

(4) **正解：B**　「増」は「ふえること」、「減」は「へること」なので、反対の意味を重ねる言葉。

(5) **正解：C**　「円」は「まるい」、「形」は「かたち」という意味で、「円形」は「まるいかたち」という意味になるので、前が後ろを修飾する言葉。

2(1) **正解：C**　「画」を「動かす」と言い換えられる。動詞の後に目的語を置く言葉。

(2) **正解：A**　「歌」も「唱」も送りがなに「う」を付ければ「うたう」と読め、似た意味を重ねる言葉。

(3) **正解：D**　「鉄道」は「鉄でできた道」という意味であり、選択肢のどれにもあてはまらない言葉。

(4) **正解：A**　「思」も「想」も送りがなに「う」を付ければ「おもう」と読め、似た意味を重ねる言葉。

(5) **正解：B**　「自立」は「自らが立つ」という意味なので、主語と述語の関係にある言葉。

187

一部が欠けた文に適切な記述を補う

3文の完成

 補うべき記述を設問の文との文脈、接続詞、接続助詞などから読み取る

1 以下の3つの文を完成させるためにA〜Eの中から最もつながりのよいものを1つずつ選びなさい。ただし、同じ選択肢を重複して使うことはありません。

（1）アレルギーの病気は、もともとアレルギー体質がある人に起こるものだが、[　　　　]。

（2）メディアなどでも取り上げられる情報は「効果」を強調するあまり、[　　　　]。

（3）インペアード・パフォーマンスは、「気づきにくい能力ダウン」とも言われ、[　　　　]。

A　患者とその家族にとって大きな肉体的・精神的ストレスの「原因」となることがある

B　経口免疫療法の「副反応」が置き去りにされている傾向がある

C　最近のアレルギー疾患の増加は、環境の変化が影響しているといわれている

D　アレルギーの薬が脳内でヒスタミンの働きを抑えて知らず知らずのうちに起こる

E　患者が無自覚なままアレルギー治療薬を使用する危険性は強調されていない

(1) **回答欄** ○ A ○ B ○ C ○ D ○ E

(2) **回答欄** ○ A ○ B ○ C ○ D ○ E

(3) **回答欄** ○ A ○ B ○ C ○ D ○ E

解答と解説

1 **(1) 正解：C**

内容と接続助詞に注目。「もともとアレルギー体質がある人に起こるものだが、」とあるので、続く記述は、体質以外のアレルギーの原因を述べているものと推測できる。Aは「だが」という逆接の接続助詞とつながらない。

(2) 正解：B

問題文の「効果」とBの「副反応」が対応している。カギカッコの使われ方にも注目すると見当をつけやすい。Aの「原因」は「効果」に対応していない。Bにつなげると、情報が何についてのものであるかが明確になり、内容の流れからしても最も適切である。

(3) 正解：D

「気づきにくい」とDの「知らず知らずのうちに」が合致する。Eの「無自覚」ともつながりそうだが、「強調」と対比するものが設問の文にはない。

一部が欠けた文章に文や単語を補う

文・単語の挿入

 前後の記述もよく読み文脈を理解したうえで、選択肢から妥当なものを選ぶ

1 文中の空欄に入る語句として最も適切なものをA～Dの中から1つ選びなさい。

経済発展が国民の幸福感を高めていないという「幸福のパラドックス」が議論されている。先進国とされる我が国においてもまた、【　　　】ようだ。

A　経済成長は国民生活を向上させている
B　多くの国民が生活に満足している
C　国民の幸福度は総じて高いとはいえない
D　幸福度は国民所得の大きさに比例する

回答欄　〇A　〇B　〇C　〇D

2 文中のア～ウの空欄に入る語として最も適切なものをA～Cの中から1つずつ選びなさい。ただし、それぞれの語は1カ所にのみ用いるものとします。

「消費者市民社会」という考えがある。個人が、消費者・生活者としての役割において、社会問題、【　ア　】、世界情勢、将来世代の状況などを考慮することによって、社会の発展と【　イ　】に積極的に参加する社会を意味している。つまり、そこで期待される消費者・生活者像は、自分自身の個人的ニーズと【　ウ　】を求めるとしても、消費や社会生活、政策形成

過程などを通じて地球、世界、国、地域、そして家族の幸せを実現すべく、社会の主役として活躍する人々である。

A 多様性
B 幸福
C 改善

ア 回答欄 ○A ○B ○C

イ 回答欄 ○A ○B ○C

ウ 回答欄 ○A ○B ○C

解答と解説

1 正解：C
第2文中「我が国においてもまた」の「もまた」に注目すると、第1文の「幸福感を高めていない」と同じような意味の記述が、その後に続くとわかる。「幸福度は総じて高いとはいえない」とあるCを入れるのが正解。

2 正解：アA　イC　ウB
まず、第3文の構文「自分自身の……とウを求めるとしても、……を通じて地球、世界、……の幸せを実現すべく」に着目すると、ウには「幸せ」とほぼ同義のB「幸福」が入るとわかる。次に、イは「社会の発展とイに積極的に参加」という文脈であり、「発展」と並ぶ語としてはCの「改善」のほうが妥当。アに残るAの「多様性」を入れると、「……などを考慮する」という文脈に合う。

■**著者　日本キャリアサポートセンター　髙橋二美夫**

長年の就職指導のノウハウを生かし、学生の就職活動を様々な場面でサポートするプログラムを提供。特にSPI試験対策講座は全国の学校で実施されており、毎年多くの学生をサポートしている。模擬試験（SPI模擬試験・一般常識模擬試験・GAB模擬試験等）は数多くの種類を常備し、8万人を超える学生が利用。また、エントリーシート対策、面接対策などの就職支援プログラムも充実しており、幅広いキャリア教育に取り組む。就職試験対策出版物（SPI・テストセンター・一般常識・CAB・GAB等）も多数刊行し、定評がある。

執筆協力◎髙橋寿美江（アトリエ・ジェムス）　本文デザイン◎為田 洵
編集協力◎球形工房／コンテンツ／ワードクロス　DTP◎レオプロダクト
企画・編集◎成美堂出版編集部

本書に関する正誤等の最新情報は、下記のアドレスで確認することができます。
https://www.seibidoshuppan.co.jp/support/

上記アドレスに掲載されていない箇所で、正誤についてお気づきの場合は、書名・発行日・質問事項・氏名・住所・FAX番号を明記の上、**成美堂出版**まで郵送またはFAXでお問い合わせください。
※**電話でのお問い合わせはお受けできません。**
※本書の正誤に関するご質問以外にはお答えできません。また、受検指導は行っておりません。
※内容によってはご質問をいただいてから回答をさし上げるまでお時間をいただくこともございます。
※ご質問の受付期限は2024年4月末までとさせていただきます。ご了承ください。

就職試験 これだけ覚える適性検査スピード解法 '25年版

2023年 5月20日発行

著　者	髙橋二美夫
発行者	深見公子
発行所	**成美堂出版**
	〒162-8445　東京都新宿区新小川町1-7
	電話(03)5206-8151　FAX(03)5206-8159
印　刷	大盛印刷株式会社

©SEIBIDO SHUPPAN 2023 PRINTED IN JAPAN
ISBN978-4-415-23663-6
落丁・乱丁などの不良本はお取り替えします
定価は表紙に表示してあります

　• 本書および本書の付属物を無断で複写、複製（コピー）、引用することは著作権法上での例外を除き禁じられています。また代行業者等の第三者に依頼してスキャンやデジタル化することは、たとえ個人や家庭内の利用であっても一切認められておりません。